汤乡

通过综合指南和 100 道令人垂涎的食谱集掌握煲汤艺术

兰 向

免责声明

本电子书中包含的信息旨在作为本电子书作者研究过的策略的综合集合。摘要、策略、提示和技巧仅由作者推荐，阅读这本电子书并不能保证您的结果将完全反映作者的结果。电子书的作者已尽一切合理努力为电子书的读者提供最新和准确的信息。对于可能发现的任何无意的错误或遗漏，作者及其相关方不承担任何责任。电子书中的材料可能包括来自第三方的信息。第三方材料包含其所有者表达的意见。因此，电子书的作者不对任何第三方材料或意见承担任何责任或义务。无论是因为互联网的发展，还是公司政策和社论提交指南的不可预见的变化，在撰写本文时陈述的事实可能在以后变得过时或不适用。

目录

介绍

汤爱好者指南 ”是汤爱好者和有抱负的汤师傅的首选资源。这本综合指南提供专家提示和 100 道美味食谱，将帮助您掌握汤的制作艺术。

以下是这本食谱的四个主要特点：

- **综合指南**：无论您是初学者还是经验丰富的厨师，这本书都提供了每次制作完美汤的专家技巧和技巧。从选择正确的成分到实现完美的一致性，本指南涵盖了您需要了解的一切。
- **令人垂涎欲滴的食谱**：有 100 种美味的汤食谱可供选择，您永远不会没有灵感。从经典美食到创新创意，这些食谱一定能满足您的食欲。
- **时令汤**：这本食谱提供了每个季节的食谱，因此您可以享受舒适的冬季汤、清爽的夏季汤，以及介于两者之间的一切。
- **多才多艺的菜肴**：汤可以作为主菜或配菜享用，这本食谱提供了两者的食谱。无论您是想寻找一顿简单快捷的周末晚餐，还是想为特殊场合准备一道优雅的菜肴，您都可以在本书中找到。

总而言之，《终极汤品手册》是爱汤人士必备的一本。凭借专家提示和 100 种美味食谱，这本食谱一定会成为您厨房的主食

1. 豆香肠汤

一份：3

成分：

- 1 根胡萝卜（切丁）
- 3汤匙橄榄油
- 1 个中等大小的洋葱
- 1 个红甜椒
- 400 克干蚕豆
- 300 克香肠
- 1 个青椒
- 1 杯欧芹（切碎）
- 300克西红柿（切丁）
- 2 杯鸡汤
- 300克鸡大腿（鱼片）
- 6瓣大蒜
- 1个中等大小的马铃薯（切丁）
- 2汤匙百里香
- 2汤匙盐调味
- 1汤匙胡椒粉

路线：

a) 在平底锅中，倒入植物油。倒入洋葱。中火煎炸 2 分钟。

b) 在一个大的搅拌碗中，混合大蒜、胡萝卜、甜椒、香肠和鸡腿。等待 10 分钟进行烹饪。

c) 加入百里香、鸡汤、豆类、土豆、西红柿、欧芹，用盐和胡椒调味。

d) 煮 30 分钟，或直到豆子变软，汤变稠。

2. 鱼汤_

份量：8

成分：

- 32 盎司。西红柿丁可以吗
- 2汤匙橄榄油
- ¼ 杯切碎的芹菜
- ½ 杯鱼汤
- ½ 杯白葡萄酒
- 1杯辛辣V8果汁
- 1 个切碎的青椒
- 1 个切碎的洋葱
- 4 瓣蒜末
- 盐胡椒调味
- 1茶匙意大利调味料
- 2 根去皮切片的胡萝卜
- 2个 ½ 磅切碎的罗非鱼
- ½ 磅去皮去内脏虾

路线：

a) 在你的大锅里，先加热橄榄油。

b) 将甜椒、洋葱和芹菜放入热锅中煮 5 分钟。

c) 之后，加入大蒜。之后再煮 1 分钟。

d) 除海鲜以外的所有剩余成分。

e) 用小火将汤煮 40 分钟。

f) 加入罗非鱼和虾，搅拌混合。

g) 再炖 5 分钟。

h) 上菜前品尝并调整调味料。

3. 番茄兔肉汤

一份：5

成分：

- 1只完整的兔子，切成块
- 1 片月桂叶
- 2个大洋葱
- 3瓣大蒜
- 2汤匙橄榄油
- 1汤匙甜辣椒粉
- 2 枝新鲜迷迭香
- 1罐西红柿
- 1 小枝百里香
- 1杯白葡萄酒
- 1汤匙盐

a) 1汤匙胡椒粉

路线：

a) 在煎锅中，用中高温加热橄榄油。

b) 预热油，加入兔肉块。煎至块均匀呈棕色。

c) 完成后将其删除。

d) 将洋葱和大蒜加入同一个锅中。煮至完全变软。

e) 在一个大搅拌碗中，混合百里香、红辣椒、迷迭香、盐、胡椒、西红柿和月桂叶。烹饪 5 分钟。

f) 把兔子块和酒一起扔进去。盖上锅盖煮 2 小时，或直到兔块煮熟并且酱汁变稠。

g) 与炸土豆或吐司一起食用。

4. 加汤腰果蔬菜

份量：3

原料：

1½ 杯西兰花小花

1.5 杯小花椰菜小花

2汤匙橄榄油

1 个大洋葱片

1/4 茶匙新鲜生姜，磨碎

2 瓣大蒜，切碎

捏盐

捏黑胡椒

2 杯蔬菜汤

1茶匙孜然粉

1茶匙辣椒

1 汤匙柠檬汁，鲜榨

1 茶匙新鲜柠檬皮屑，磨碎

1磅腰果

指示：

在一个大汤锅中，加热油并炒洋葱约 3-4 分钟。

加入大蒜、生姜和香料，炒约 1 分钟。

用 1 杯肉汤煮沸。

加入蔬菜，再次煮沸。

盖上盖子煮 15 到 20 分钟，定期搅拌。

加入柠檬汁后熄火。

与腰果和柠檬皮一起趁热享用。

营养：卡路里： 425|脂肪：32克 |碳水化合物：27.6 克 |纤维：5.2克 |糖：7.1克 |蛋白质：13.4克

5. 扁豆藜麦汤

份量：6

原料：

1汤匙椰子油

1 个黄洋葱，切碎

4 瓣大蒜，切碎

3根芹菜杆

3根胡萝卜，去皮切碎

4 杯西红柿，切碎

1 杯红扁豆，冲洗并沥干

½ 杯干藜麦，冲洗并沥干

1茶匙红辣椒粉

5 杯蔬菜汤

2 杯新鲜菠菜，切碎

盐和黑胡椒粉

1½ 茶匙孜然粉

指示：

在煎锅中，加热油，将芹菜、洋葱和胡萝卜炒 4-5 分钟。

加入大蒜后炒约1分钟。

将剩余的成分煮沸，不包括菠菜。

把火调小，盖上锅盖煮大约 20 分钟。

加入菠菜后炖3-4分钟。

加入盐和黑胡椒搅拌，熄火。

6. 红烧肉紫薯

产量：1份

成分

- ¾磅无骨猪里脊；切成1块
- 1埃米尔的精华
- 2.00 汤匙橄榄油
- 1.00 杯切碎的洋葱
- ½ 杯切碎的甜椒
- ¼ 杯切碎的芹菜
- 1盐；去尝尝
- 1 个现磨黑胡椒粉；去尝尝
- 2.00 汤匙面粉
- 1.00磅紫薯；去皮，切块
- 2.00 杯小牛肉高汤
- ¼ 杯切碎的葱
- 1.00 杯红薯丝
- 2.00 汤匙切碎的葱
- 1.00 汤匙布鲁诺瓦斯红辣椒

在搅拌碗中，将猪肉块与 Emeril’s Essence 一起搅拌。在一个大炒锅中，加热橄榄油。当油热时，加入猪肉并均匀地煎成棕色。把猪肉从锅里拿出来放在一边。在搅拌碗中，用盐和胡椒调味洋葱、辣椒和芹菜。将面粉搅拌到油中，不断搅拌约 4 至 5 分钟，以获得中等棕色的面粉糊。将洋葱、辣椒和芹菜加入面粉糊中，煮约 2 至 3 分钟或直至略微变软。将猪肉放回煎锅中煮，不断搅拌 3 至 4 分钟。加入红薯和肉汤。

将液体煮沸，然后小火慢炖。煮 40 到 45 分钟。加入葱并检查调味料。用红薯丝打窝，炸至酥脆。用精华调味。将汤倒入浅碗中，饰以红薯窝、大葱和辣椒。这个食谱产量？？食谱。

7. 亚美尼亚汤

产量：4份

成分

- 1.5 杯杏干浸泡在
- ½ 杯水冲泡 1 小时。
- ½ 杯干鹰嘴豆浸泡
- 在水中过夜
- 5杯水
- 1 杯扁豆
- 3 洋葱 切片
- 2 汤匙麦芽糖浆或糖蜜

a) 在一个大平底锅中，将浸泡过的杏子和水煮沸。添加浸泡、沥干的鹰嘴豆和 1 C 水。煮沸并煮 30 分钟。

b) 将扁豆、洋葱和 4 摄氏度的水加入锅中。煮滚。

c) 放低火，盖上盖子，煮约 2 小时，直到鹰嘴豆变软。

d) 加入麦芽糖浆。拌匀。服务于糙米。

8. 巴哈海鲜汤

产量：6份

成分

- ½杯洋葱；切碎，1 个中号
- ½ 杯青辣椒；切碎的
- 2 每个丁香大蒜；切碎
- ¼ 杯橄榄油
- 2杯白葡萄酒；干燥
- 1汤匙橙皮；磨碎的
- 1.5 杯橙汁
- 1汤匙糖
- 1汤匙香菜；新鲜，剪断
- 1茶匙罗勒叶；干的
- 1茶匙盐
- ½ 茶匙 胡椒粉
- ½ 茶匙牛至叶；干的
- 28 盎司意大利西红柿
- 24个软壳蛤蜊；擦洗
- 1.5 磅虾；生的，带壳的，中药。

- 1磅鱼
- 6 盎司蟹肉；冰冻的

a) 在 6 夸脱的荷兰烤箱中用油烹制并搅拌洋葱、辣椒和大蒜，直到洋葱变软。加入除海鲜以外的其余成分。

b) 加热至沸腾；减少热量。不盖盖子炖15分钟。加入蛤蜊；盖上盖子，用文火煮至蛤蜊打开，5 到 10 分钟。（丢弃任何未打开的蛤蜊。）

c) 小心搅拌虾、鱼和蟹肉。加热至沸腾；减少热量。盖上锅盖，用文火炖 4 到 5 分钟，直到虾呈粉红色，鱼片很容易用叉子剥落。

9. 芦笋蘑菇汤

产量：4份

成分

- ⅓盎司干牛肝菌
- 1汤匙油
- 3 瓣大蒜；剁碎
- ½磅蘑菇；波多贝罗或香菇，切碎
- ½ 杯雪利酒
- ½ 茶匙 盐
- 1磅芦笋矛； 1″ 对角线
- 1 个中号红甜椒；切丝
- 1茶匙玉米淀粉溶解在
- 1汤匙水
- 1茶匙红酒醋
- 盐和胡椒;去尝尝

a) 将干蘑菇放入耐热小碗中，并用沸水覆盖。浸泡 15 分钟。同时，在大煎锅中，用中火加热油。

b) 加入大蒜和新鲜蘑菇煮，经常搅拌，直到蘑菇变软。加入雪利酒、盐和蘑菇液。加入芦笋、灯笼椒和干蘑菇。慢炖，不盖盖子，直到芦笋变软，大约 7 分钟。加入溶解的玉米淀粉和醋。将混合物煮沸并用文火炖至稍微变稠，大约需要 30 秒。

c) 将芦笋混合物放在香草藜麦食谱上。

10. 牛肉和龙舌兰酒汤

产量：6份

成分

- 2磅肉
- ¼ 杯未漂白面粉
- ¼ 杯植物油
- ½杯洋葱；切碎，1 个中号
- 2个培根；切片，切碎
- ¼杯胡萝卜；切碎的
- ¼杯芹菜；切碎的
- ¼ 杯龙舌兰酒
- ¾杯番茄汁
- 2汤匙香菜；新鲜，剪断
- 1½ 茶匙盐
- 15 盎司鹰嘴豆； 1罐
- 4 杯西红柿；切碎，4 中号
- 2 每个丁香大蒜；切碎

a) 把牛肉裹上面粉。

b) 在 10 英寸煎锅中加热油，直到变热。用中火在油中煮牛肉并搅拌至棕色。

c) 用开槽勺取出牛肉并沥干。在同一个煎锅中煮洋葱和培根，搅拌至培根变脆。拌入牛肉和剩余成分。加热至沸腾；减少热量。盖上盖子，用文火炖至牛肉变软，大约 1 小时。

11. 爱尔兰羊肉汤

原料：

- 1-1½ 千克或 3.5 磅羊颈或羊肩
- 3个大洋葱，切碎
- 盐和现磨黑胡椒
- 3-4根胡萝卜，切成小块
- 1 个韭菜，切成小块
- 1 个小萝卜/瑞典人/芜菁甘蓝，切成小块
- 10 个新小土豆，去皮并切成四等份，或 2 个大土豆，去皮并切碎
- 1/4 小卷心菜，切丝
- 一束欧芹、百里香和月桂叶——用一根绳子把它系在一起，你可以把它留在里面
- 少许伍斯特沙司

路线：

a) 你可以让你的屠夫把肉从骨头上切下来并去掉脂肪，但保留骨头或在家里做。去除脂肪并将肉切成方块。将肉放入装满冷盐水的锅中，与肉一起煮沸。煮沸后将其取出并沥干，冲洗羊肉以去除任何残留物。

b) 煮沸时，将骨头、洋葱、蔬菜（但不要将土豆或卷心菜）放入新锅中。加入调味料和香草花束，并用冷水覆盖。肉洗净后，将其放入锅中，文火炖一小时。您需要经常撇去泡沫。

c) 在一小时标记处加入土豆并继续煮汤 25 分钟。加入土豆，继续煮 25 分钟。在烹饪的最后 6-7 分钟内加入卷心菜。

d) 当肉变软并散开时，取出骨头和香草花束。此时尝尝汤的味道，然后加入伍斯特沙司调味即可上桌。

12. 爱尔兰海鲜杂烩

原料：

- 4 条约 1 磅/500 克的无须鳕鱼片
- 2 条鲑鱼片，如上
- 1 条熏鱼约 1/2 磅/250 克
- 1汤匙植物油
- 1 茶匙 黄油
- 4个土豆
- 2根胡萝卜
- 1个洋葱
- 500 毫升/2.25 杯鱼汤或鸡汤
- 2 汤匙 干莳萝
- 250毫升/ 1杯奶油
- 100 毫升/1/2 杯牛奶
- 4 汤匙 切细的细香葱

路线：

a) 将土豆去皮，切成小方块。将胡萝卜去皮切成比土豆小的方块。

b) 鱼如果有的话，把皮去掉，切成大块，它会在烹饪时碎裂。

c) 将油和黄油放入深锅中，轻轻炒洋葱、土豆、莳萝和胡萝卜约 5 分钟。将高汤倒入锅中，用文火煮 1 分钟。

d) 盖上锅盖，加入奶油和牛奶，然后加入鱼。文火慢炖（不要煮沸）直到鱼煮熟。

e) 搭配欧芹装饰和一些自制的小麦面包。

13. 牛肉吉尼斯汤

原料：

- 2 汤匙。油
- 1 千克肋排，修整并切成方块
- 2 个洋葱，切成薄片
- 2 瓣大蒜，切碎
- 1汤匙。软黑红糖
- 1 汤匙 普通面粉
- 125ml 健力士
- 125毫升水
- 百里香小枝
- 1 汤匙 红酒醋
- 1 汤匙 第戎芥末
- 一撮碎丁香
- 盐和黑胡椒
- 1公斤土豆，去皮并切成中等大小的块
- 250克切碎的卷心菜
- 100毫升牛奶
- 100克黄油
- 盐和现磨黑胡椒

路线：

a) 将烤箱预热至 160° C (325° F)。在加热的同时，将一些油倒入煎锅中，将牛肉煎成褐色，确保每一块都密封好。

b) 取出肉放在一边，然后加入洋葱和大蒜，煮几分钟，然后撒上面粉和糖。充分混合以吸收锅中的所有果汁，然后逐渐加入吉尼斯黑啤酒，不断搅拌。

c) 搅拌均匀后加入醋、芥末、丁香、调味料和百里香，煮沸。将肉放入砂锅中，然后将其添加到盘中。

d) 将砂锅盖上盖子，在烤箱中煮 1 1/2 小时，直到肉变软。

e) 加入百里香、酒醋、芥末、丁香粉和调味料；烧开，倒在砂锅里的肉上。盖上盖子，放入烤箱烤 1.5 小时或直到肉变软。在烹饪时间结束前约 20 分钟，将卷心菜和土豆放入砂锅中继续烹饪。

f) 当肉变软时上菜，作为一种变种，你可以不吃土豆，把它们捣碎，浇在上面的汤上。

14. 鸡汤饺子

4人份

原料

- 1只鸡，切成8块
- 15克/。盎司（2 汤匙）普通（通用）面粉
- 2 汤匙菜籽油
- 15克/。盎司（1 汤匙）黄油
- 1 个洋葱，切碎
- 4片鼠尾草叶
- 迷迭香和百里香各一枝
- 2 根胡萝卜，切碎
- 250 毫升/8 液体盎司（1 杯）苹果酒（烈性苹果酒）
- 1 升/34 液体盎司（4 杯）鸡肉
- 股票（肉汤）
- 1茶匙海盐
- 现磨黑胡椒
- 切碎的平叶欧芹，用来装饰饺子
- 350 克/12 盎司（2 杯）普通（通用）面粉，过筛
- 50 克/2 盎司（4 汤匙）冷黄油，磨碎

- 1茶匙泡打粉
- 350 毫升/12 液体盎司（1 杯）牛奶
- 海盐

方法

a) 用所有的盐和一些胡椒调味鸡块，然后裹上面粉。

b) 在一个大的厚底平底锅或砂锅菜（荷兰烤箱）中用中高火加热油，然后分批炸鸡块约 5 分钟，直到全身呈金黄色。把鸡肉放在一边，把锅擦干净。

c) 在锅中融化黄油，加入洋葱、鼠尾草、迷迭香和百里香。炒 3-4 分钟，直到洋葱变软，然后加入胡萝卜。用苹果酒给平底锅除釉，然后煮沸。

d) 将鸡肉和果汁放回锅中，盖上高汤（肉汤）。用中低火炖约 25-30 分钟，直到鸡肉完全煮熟，没有粉红色迹象并且汁液清澈为止。

e) 与此同时，为了制作饺子，将面粉和黄油与泡打粉和盐混合在一个碗中。加入牛奶做成松散的面团。在烹饪时间的最后 5-10 分钟，将一汤匙饺子混合物加入装有鸡肉的锅中，中途翻转饺子，让它们两面都在煮。

f) 加入欧芹即可食用。

15. 壁球 & 豆汤

产量：4份

原料：

- 1 个中号胡桃南瓜
- 1汤匙橄榄油
- 1 个中等大小的甜洋葱，切丁
- 2 瓣大蒜，切碎
- 4 杯低钠蔬菜汤
- 1/4 茶匙黑胡椒
- 1/4 茶匙肉豆蔻粉
- 1/8茶匙盐
- 1、15 盎司罐装低钠白豆， 沥干并冲洗干净

路线：

a) 通过修剪末端并去皮来准备南瓜。切成两半后挖出种子。把南瓜切成小方块放在一边。

b) 在一个高边的大锅里，加热橄榄油。将洋葱和大蒜炒 3-4 分钟，或直至变软。

c) 将南瓜、白豆和蔬菜汤混合在一个大碗中。大火煮开，盖上。

d) 把火调小，煮 15-20 分钟。用盐、胡椒和肉豆蔻调味。

e) 从热源中取出并放置 10 分钟以冷却。将一半汤倒入搅拌机中，取下盖子的中心部分，让蒸汽逸出。搅拌至完全光滑。

f) 对剩下的一半汤重复上述步骤，然后将所有东西混合在一起。服务和乐趣！

16. 红薯椰子汤

产量：4份

原料：

- 1 1/2 汤匙橄榄油，被分割的
- 1 个小 Vidalia 洋葱，切丁
- 3 瓣大蒜，切碎
- 1个大红薯，去皮切丁
- 2汤匙咖喱粉
- 1/4 茶匙盐
- 1/4 茶匙黑胡椒
- 1/8 茶匙辣椒粉（可选）
- 3杯椰奶饮料， 不加糖的
- 1杯低钠鹰嘴豆， 沥干并冲洗干净
- 1/4 茶匙大蒜粉
- 1/4 茶匙洋葱粉
- 1/4 茶匙辣椒粉

路线：

a) 在一个大汤锅中，用中火加热 1 汤匙橄榄油。煮 4-5 分钟，或直到洋葱变软。加入大蒜后再煮 30 秒。

b) 在一个大的搅拌碗中，混合红薯、咖喱粉、盐、胡椒粉和辣椒粉（如果使用）。再煮 5 分钟。盖上椰奶。

c) 用小火慢炖 20-25 分钟，或直到红薯变软。

d) 与此同时，将鹰嘴豆沥干并冲洗干净，然后用干净的洗碗巾或纸巾彻底擦干，然后转移到搅拌碗中。加入剩余的 1/2 汤匙橄榄油、大蒜粉、洋葱粉和辣椒粉。

e) 在一个大煎锅中，用中火煮鹰嘴豆。烤到边缘稍微酥脆。

f) 当土豆变软时，把汤从火上取下来，放在一边冷却。应将一半汤放入搅拌机中搅拌，并取下盖子的中心部分以让蒸汽逸出。

g) 搅拌至完全光滑。混合剩下的一半汤，然后用剩下的一半重复。或者，用浸入式搅拌机将汤搅成泥。

h) 将汤舀入碗中，在上面放上松脆的鹰嘴豆。

17. 奶油西兰花汤

产量：8份

原料：

- 1汤匙橄榄油
- 1 个中等大小的甜洋葱，切丁
- 2 瓣大蒜，切碎
- 1 汤匙全麦面粉
- 3 杯低钠蔬菜汤
- 1个大西兰花，切成小花
- 2 个中号黄褐色土豆，切丁
- 1/4 茶匙黑胡椒
- 1杯脱脂牛奶
- 鲜韭菜

路线：

a) 在一个高边的大锅里，加热橄榄油。将洋葱和大蒜炒 3-5 分钟，或直至变软。

b) 加入面粉，直到生面粉的味道消失，大约 1-2 分钟。与蔬菜汤一起煮沸。

c) 一旦水沸腾，加入西兰花和土豆并盖上盖子。煮 15-20 分钟。

d) 关火，放在一边稍微冷却。在搅拌机中将一半的汤搅拌至光滑。

e) 对剩下的一半汤重复上述步骤，然后将所有东西混合在一起。或者，用浸入式搅拌机将汤搅成泥。

f) 将汤放回锅中，用小火煮，不断搅拌。最后撒上您喜欢的香草，例如细香葱或欧芹，然后上菜。

18. 奶油羽衣甘蓝汤

产量：8份

原料：

- 2汤匙橄榄油
- 1 个 Vidalia 洋葱，切丁
- 4 瓣大蒜，切碎
- 2 磅羽衣甘蓝，切碎
- 1 杯原味脱脂希腊酸奶
- 1/4 杯帕玛森芝士
- 1/2 茶匙黑胡椒

路线：

a) 在一个大炒锅中，用中火加热橄榄油。煮 3-4 分钟，或直到洋葱和大蒜变软。

b) 加入羽衣甘蓝和一点水，盖上锅盖，用文火炖 8-10 分钟，或者直到蔬菜变软枯萎。

c) 把平底锅从火上取下来，加入希腊酸奶、帕玛森芝士和黑胡椒。

19. C鸡肉藜麦汤

份量：6

原料：

- 1 磅去骨去皮鸡胸肉，去除所有可见脂肪，切成 1 英寸的立方体
- 4 杯脱脂低钠鸡汤
- 1个大洋葱，切碎
- ¾杯水
- 1 根中等大小的胡萝卜，切片
- 3 个大蒜瓣，切碎
- 1 汤匙切碎的新鲜百里香
- 1个 干月桂叶
- ¼茶匙胡椒粉
- ⅓杯生藜麦，冲洗干净，沥干水分
- 2 盎司糖豌豆，切片

方向

b) 将鸡肉、肉汤、洋葱、水、胡萝卜、大蒜、百里香、月桂叶和胡椒放入一个大锅中。

c) 中高温，煮沸。

d) 把火调小，煮 5 分钟，稍微盖上盖子。

e) 加入藜麦并搅拌混合。烤箱5分钟

f) 加入豌豆并搅拌混合。偶尔搅拌，煮 5 到 8 分钟，或直到藜麦煮熟并且鸡肉中心不再呈粉红色。

g) 在上汤之前，去掉月桂叶。

20. 扁豆豆汤

份量：6

原料：

1杯干扁豆

15 盎司洗净沥干的黑豆罐头

15 盎司罐装西红柿丁

1 汤匙特级初榨橄榄油

1杯干扁豆

½ 茶匙孜然粉

½ 茶匙红辣椒片，压碎

1 个洋葱，切碎

1茶匙辣椒粉

4 杯蔬菜汤

2 瓣大蒜，切碎

2根胡萝卜，去皮切碎

盐

黑胡椒

指示：

在平底锅中用高温加热油，然后将大蒜煮约 1 分钟。

炒胡萝卜和洋葱约 5 分钟。

将其余成分煮沸，不断搅拌。

将热量降低至低温并煮约 25 至 30 分钟，盖上盖子，定期搅拌。

营养：卡路里： 285|脂肪：4.3克 |碳水化合物：44 克 |纤维：18 克 |糖：4.8g |蛋白质：18.9克

21. 白豆羽衣甘蓝汤

份量：4

原料：

15 盎司罐装芸豆，冲洗并沥干

3 杯新鲜羽衣甘蓝，去除坚硬的茎并粗切

2茶匙橄榄油

4 瓣大蒜，压碎

1 汤匙新鲜生姜，切碎

1 个中等大小的洋葱，切丁

2 茶匙新鲜迷迭香叶，切碎

1 磅红薯，去皮并切成小方块

4杯水

½ 茶匙肉桂粉

1 茶匙孜然粉

盐和黑胡椒粉

1 茶匙姜黄粉

指示：

在煎锅中，用高温加热油并炒洋葱，经常搅拌约 7-9 分钟。

加入大蒜、生姜、迷迭香，炒约 1 分钟。

加入土豆、水、香料、盐和黑胡椒，煮沸。

不盖盖子炖约 30-35 分钟。

用勺背粗捣碎一些土豆。

加入豆子和羽衣甘蓝，用文火煮约 4-7 分钟。

22. 鸡肉蔬菜汤

份量：4

原料：

2 汤匙橄榄油（特级初榨）

2 个红甜椒，切碎

1 个洋葱，切丁

1 汤匙磨碎的新鲜生姜

3 杯切碎的烤鸡，去皮

8 杯无盐鸡汤

½ 茶匙海盐

⅛ 茶匙黑胡椒粉，现磨

指示：

在一个大平底锅中，加热橄榄油直至沸腾。

加入洋葱、红辣椒和生姜。煮约 5 分钟，偶尔搅拌直至蔬菜变软。

加入鸡肉、鸡汤、盐和胡椒粉，煮沸。

减少热量，再煮 5 分钟。

23. 羽衣甘蓝奶油

份量：4

原料：

2 汤匙橄榄油（特级初榨）

1 个洋葱，切丁

4 杯羽衣甘蓝

1 杯西兰花小花

6 杯无盐蔬菜汤

1茶匙大蒜粉

½ 茶匙海盐

¼ 茶匙黑胡椒粉，现磨

微型蔬菜

椰奶

指示：

在一个大平底锅中，加热橄榄油直至沸腾。

做饭，偶尔转动，直到洋葱变软，大约 5 分钟。

加入羽衣甘蓝、西兰花、蔬菜汤、大蒜粉、盐和胡椒粉。

煮沸，然后降低至低温设置。

煮 10 到 15 分钟，不时搅拌，或直到蔬菜变软。

在搅拌机中，混合所有成分并搅拌至光滑。

趁热加入额外的油、微型蔬菜和椰奶。

24. 珊瑚扁豆瑞士甜菜汤

份量：4

原料：

2汤匙橄榄油

1 个中等大小的洋葱，切丁

2 根中等大小的胡萝卜，切丁

1/2 茶匙生姜粉

1/2 茶匙姜黄粉

2 切碎的大蒜瓣

1茶匙孜然粉

1/2 茶匙红辣椒片

1/2 茶匙海盐

一罐 15 盎司的西红柿丁

1 杯干红扁豆

2 升蔬菜汤

1 束瑞士甜菜，粗碎

指示：

在大汤或砂锅菜中，加热油。

用中高温将洋葱和胡萝卜炒 7 分钟。

加入大蒜、孜然、生姜、姜黄、辣椒片和盐。

煮 5 分钟，在加入西红柿时，将锅底的棕色碎片刮掉，直到液体减少，西红柿变软。

加入小扁豆和肉汤，煮沸，然后转小火，不盖盖子煮 10 分钟，或直到小扁豆煮熟。

再煮 5 分钟，偶尔搅拌，直到甜菜枯萎但仍在冒泡。盐和胡椒调味。

将汤盛入碗中，饰以一片柠檬。

25. 秋季南瓜汤

份量：6

原料：

600 克南瓜，去皮并切碎

2 杯蔬菜汤

½ 杯椰奶

煎炸油

1 汤匙柠檬草，切碎

2片卡菲尔酸橙叶，切碎

1 茶匙孜然

1 茶匙香菜种子

1 个红辣椒，去籽并切片

1 个新鲜生姜，去皮并磨碎

1 个新鲜姜黄，去皮切片

黑胡椒 适量

1 个小葱，切碎

4 瓣大蒜

指示：

将烤箱预热至华氏 300 度，并准备一张铺有羊皮纸的烤盘。

将南瓜放入油中，然后将其放在烤盘上烤至金黄色。

在平底锅中，加热油，将红葱头炒至棕色。

煮至芳香，然后加入孜然和香菜。

加入卡菲尔叶、姜黄、生姜、柠檬草和辣椒，再煮一分钟，搅拌以免烧焦

将南瓜加入肉汤中，然后盖上盖子煮

把火调小，再煮 10 分钟。

加入椰奶，再次加热以文火煮 5-10 分钟。

26.大麦蔬菜汤

份量：6

原料：

1 杯胡萝卜，切碎

1 小枝迷迭香

1 瓣大蒜，切碎

1 杯芹菜，切碎

3/4 杯去皮大麦

4 杯蔬菜汤

1 罐番茄酱（28 盎司）

1 罐豆子，沥干并冲洗干净（15 盎司）

2 杯羽衣甘蓝，粗碎

磨碎的巴马干酪

指示：

在平底锅中，用橄榄油（特级初榨）炒洋葱、胡萝卜和芹菜。加入迷迭香、大蒜和大麦，继续煮约 3 分钟。

用肉汤煮沸，不断搅拌。

烧开后，盖上锅盖，转小火慢炖约1小时。

加入西红柿和豆子，再煮 15 分钟或更长时间，直到大麦变软。如果使用的话，在烹饪的最后 5 分钟加入蔬菜。

与磨碎的巴马干酪一起食用。

27. 胡桃南瓜扁豆汤

份量：4-6

原料：

1 个大洋葱，切丁

1 个去皮切块的胡桃南瓜

1 杯棕色小扁豆

8 杯蔬菜汤

2 茶匙蒜末

1 片月桂叶

1/2 茶匙肉豆蔻粉

1 杯菠菜，切碎

1/2茶匙盐

指示：

将除菠菜外的所有配料加入慢炖锅中，搅拌均匀。

高功率烹饪 3 到 4 小时，低功率烹饪 6 到 8 小时。

取出月桂叶，放入约 50% 的汤，必要时分批放入搅拌机中搅成泥状。将混合汤和未混合的部分加入慢炖锅中搅拌。

加入切碎的菠菜，搅拌至变软。

28. 白豆汤

份量：4

成分：

- 1 个切碎的洋葱
- 2汤匙橄榄油
- 2根切碎的芹菜茎
- 3 瓣蒜末
- 4 杯罐装肉卷豆
- 4 杯鸡汤
- 盐和胡椒粉调味
- 1茶匙新鲜迷迭香
- 1 杯西兰花小花
- 1汤匙松露油
- 3汤匙磨碎的帕玛森芝士

路线：

a) 在一个大平底锅里，加热油。

b) 在煎锅中将芹菜和洋葱煮约 5 分钟。

c) 加入大蒜并搅拌混合。再煮 30 秒。

d) 加入豆子、2 杯鸡汤、迷迭香、盐和胡椒粉，以及西兰花。

e) 将液体煮沸，然后用小火煮 20 分钟。

f) 用手持搅拌机将汤搅拌至所需的柔滑度。

g) 把火调小，撒上松露油。

h) 盛汤盛入盘中，上菜前撒上帕玛森芝士。

29.荷兰豆意面

份量：10

成分：

- 1.5 磅碎牛肉
- 2 个切碎的洋葱
- ½茶匙红辣椒片
- 3汤匙橄榄油
- 4 根切碎的芹菜茎
- 2 瓣蒜末
- 5 杯鸡汤
- 1杯番茄酱
- 3汤匙番茄酱
- 2茶匙牛至
- 1茶匙罗勒
- 盐和胡椒粉调味
- 1 15 盎司。可以cannellini豆
- 2 杯煮熟的小意大利面

路线：

a) 在一个大锅中，将肉煎 5 分钟，或直到它不再呈粉红色。从等式中删除。

b) 在一个大煎锅中，加热橄榄油，将洋葱、芹菜和大蒜煮 5 分钟。

c) 加入肉汤、番茄酱、番茄酱、盐、胡椒粉、罗勒和红辣椒片，搅拌混合。

d) 把盖子放在平底锅上。然后应该让汤煮 1 小时。

e) 加入牛肉，再煮 15 分钟。

f) 加入豆子并搅拌结合。之后，用小火煮 5 分钟。

g) 拌入煮熟的意大利面，煮 3 分钟，或直至热透。

30. 肉丸意大利饺子汤

份量：6

成分：

- 2汤匙橄榄油
- 1 个洋葱丁
- 3 瓣蒜末
- 盐和胡椒粉调味
- 8 杯鸡汤
- 1.5 杯罐装番茄丁
- 1 杯切碎的羽衣甘蓝
- 1 杯解冻的冷冻豌豆
- 1茶匙碎罗勒
- 1茶匙牛至
- 1 片月桂叶
- 1 磅解冻肉丸 - 任何种类
- 1 磅新鲜奶酪饺子
- ¼ 杯磨碎的帕玛森芝士

路线：

a) 在一个大锅里，加热橄榄油，将洋葱和大蒜炒 5 分钟。

b) 在一个大平底锅中，混合鸡汤、切碎的西红柿、羽衣甘蓝、豌豆、罗勒、牛至、盐、胡椒和月桂叶。

c) 接下来将液体煮沸。之后，用小火煮 5 分钟。

d) 取出月桂叶并将其扔掉。

e) 加入肉丸和饺子后，再炖 5 分钟。

f) 最后但同样重要的是，盛在碗中，上面放上磨碎的奶酪。

31. 鸡肉马萨拉

份量：4

成分：

- ¼ 杯面粉
- 盐和胡椒粉调味
- ½茶匙百里香
- 4 无骨鸡胸肉，捣烂
- ¼ 杯黄油
- ¼ 杯橄榄油
- 2 瓣蒜末
- 1.5 杯蘑菇片
- 1 粒小洋葱
- 1杯马萨拉
- ¼ 杯对半或浓奶油

路线：

a) 在搅拌碗中，混合面粉、盐、胡椒和百里香。

b) 在另一个碗中，将混合物中的鸡胸肉捞出。

c) 在一个大煎锅中，融化黄油和油。

d) 在煎锅中将大蒜煮 3 分钟。

e) 放入鸡肉，每面煮 4 分钟。

f) 在煎锅中，混合蘑菇、洋葱和马沙拉酱。

g) 用小火将鸡肉煮 10 分钟。

h) 将鸡肉转移到盘子里。

i) 加入对半或浓奶油。然后，在高温烹饪 3 分钟的同时，不断搅拌。

j) 把鸡肉浇上酱汁。

32. 鱼香肠汤

一份：4

成分：

- 2个鱼头（用来煮鱼汤）
- 500克鱼片，切块
- 1个洋葱
- 1 瓣大蒜
- 1杯白葡萄酒
- 2汤匙橄榄油
- 1把欧芹（切碎）
- 2 杯鱼汤
- 1 把牛至（切碎）
- 1汤匙盐
- 1汤匙胡椒粉
- 1 芹菜
- 2罐西红柿（西红柿）
- 2 红辣椒
- 2 香肠
- 1汤匙辣椒粉
- 2 片月桂叶

路线：

a) 把鱼头洗干净。应去除鳃。用盐调味。在低温下煮 20 分钟。从等式中删除。

b) 在平底锅中，倒入橄榄油。将洋葱、月桂叶、大蒜、香肠和辣椒粉放入一个大搅拌碗中。烤箱7分钟

c) 在一个大搅拌碗中，混合红辣椒、西红柿、芹菜、胡椒粉、盐、牛至、鱼汤和白葡萄酒。

d) 总共煮10分钟。

e) 把鱼扔进去。烤箱4分钟

f) 用米饭作为配菜。

g) 添加欧芹作为装饰。

33. 西班牙语料理鼠王

一份：4

成分：

- 1个红甜椒（切丁）
- 1 个中等大小的洋葱（切片或切碎）
- 1 瓣大蒜
- 1 西葫芦（切碎）
- 1个青椒（切丁）
- 1汤匙盐
- 1汤匙胡椒粉
- 1罐西红柿（切碎）
- 3汤匙橄榄油
- 1 滴白葡萄酒
- 1把新鲜欧芹

路线：

a) 在平底锅中，倒入橄榄油。

b) 加入洋葱。中火煎炸 4 分钟。

c) 加入大蒜和辣椒。再煎 2 分钟。

d) 加入西葫芦、西红柿、白葡萄酒，用盐和胡椒调味。

e) 煮 30 分钟或直到煮熟。

f) 如果需要，用欧芹装饰。

g) 与米饭或吐司一起作为配菜食用。

h) 享受！！！

34. 西班牙凉菜汤

一份：6

成分：

- 2磅成熟的西红柿，切碎
- 1 个红甜椒（切丁）
- 2 瓣大蒜（磨碎）
- 1汤匙盐
- 1汤匙胡椒粉
- 1汤匙孜然（磨碎）
- 1 杯红洋葱（切碎）
- 1 个大号墨西哥胡椒
- 1杯橄榄油
- 1 个酸橙 1 个中等大小的黄瓜
- 2汤匙醋
- 1杯番茄（汁）
- 1汤匙伍斯特沙司
- 2汤匙新鲜罗勒（切片）
- 2片面包

路线：

a) 在搅拌碗中，混合黄瓜、西红柿、辣椒、洋葱、大蒜、墨西哥辣椒、盐和孜然。将所有东西完全搅拌在一起。

b) 在搅拌机中，混合橄榄油、醋、伍斯特沙司、酸橙汁、番茄汁和面包。搅拌直到混合物完全光滑。

c) 使用筛子将混合后的混合物加入到原始混合物中。

d) 一定要完全结合一切。

e) 将一半混合物倒入搅拌机中，搅拌成泥。搅拌直到混合物完全光滑。

f) 将混合的混合物返回到混合物的其余部分。将所有东西完全搅拌在一起。

g) 盖上碗后冷藏 2 小时。

h) 2小时后，取出碗。用盐和胡椒调味混合物。在盘子上撒上罗勒。

i) 服务。

35. 鱿鱼饭

一份：4

成分：

- 6 盎司。海鲜（任意选择）
- 3瓣大蒜
- 1 个中等大小的洋葱（切片）
- 3汤匙橄榄油
- 1个青椒（切片）
- 1汤匙鱿鱼墨
- 1束欧芹
- 2汤匙辣椒粉
- 550克鱿鱼（洗净）
- 1汤匙盐
- 2 芹菜（切丁）
- 1片新鲜月桂叶
- 2 个中等大小的西红柿（磨碎）
- 300 克卡拉帕拉米
- 125毫升白葡萄酒
- 2 杯鱼汤
- 1个柠檬

路线：

a) 在煎锅中，倒入橄榄油。将洋葱、月桂叶、胡椒和大蒜放入搅拌碗中。允许几分钟的油炸。

b) 放入鱿鱼和海鲜。煮几分钟，然后取出鱿鱼/海鲜。

c) 在一个大搅拌碗中，混合辣椒粉、西红柿、盐、芹菜、葡萄酒和欧芹。等待 5 分钟让蔬菜完成烹饪。

d) 将洗净的米倒入锅中。将鱼汤和鱿鱼墨汁混合在搅拌碗中。

e) 总共煮10分钟。将海鲜和鱿鱼混合在一个大碗中。

f) 再煮5分钟。

g) 与蒜泥蛋黄酱或柠檬一起食用。

36. 乌克兰式甜菜汤

产量：6份

成分

- 4种介质西红柿
- 4汤匙黄油
- 1杯洋葱；切碎
- 2 瓣大蒜，去皮；切碎
- 1磅甜菜，修剪叶子，去皮，粗磨
- ½ 芹菜根，去皮；粗磨
- 1欧芹根，去皮；粗磨
- 1 根防风草，去皮；粗磨
- ½ 茶匙 糖
- ¼杯红酒醋
- 1汤匙盐
- 2 夸脱牛肉汤，新鲜或罐装
- 1磅煮土豆，去皮；切成 1 1/2 英寸的块
- 1 磅卷心菜，去芯；粗碎
- 1 磅煮牛腩，或 1 磅煮火腿，切成 1 英寸的块
- 3汤匙欧芹；切碎

- ½ 品脱酸奶油

方向

a) 将西红柿放入沸水中煮 15 秒。将它们放在冷水下并去皮。切下茎，然后将它们横向切成两半。

b) 轻轻挤压两半以去除果汁和种子，然后将它们粗切并放在一边。

c) 在 10 到 12 英寸的平底锅或砂锅中，用适度的热量融化黄油，加入洋葱和大蒜，经常搅拌，煮 6 到 8 分钟，或者直到它们变软且颜色浅。加入甜菜根、芹菜根、欧芹根、防风草、一半西红柿、糖、醋、盐和 1.5 杯高汤。在高温下煮沸，然后部分盖上锅盖并降低热量。炖40分钟。

d) 同时，将剩余的高汤倒入 6-8 夸脱的砂锅中，加入土豆和卷心菜。煮沸，然后用小火慢炖 20 分钟，或者直到土豆变软但不会散开。

e) 当蔬菜混合物在规定的时间煮熟后，将其与剩余的西红柿和肉一起放入砂锅中。盖上锅盖慢炖 10 到 15 分钟，直到罗宋汤变热。

f) 调味调味。倒入盖碗中，撒上欧芹，佐以酸奶油食用。

37. 乌克兰黄瓜和柠檬罗宋汤

产量：6份

成分

- 4 杯去皮去籽黄瓜——
- 粗粗地切一下
- 2个小柠檬汁
- 1茶匙草药盐替代品或
- 海盐
- 1汤匙蜂蜜
- 1 杯脱脂原味酸奶
- 1杯泉水
- 1 杯切碎的火鸡火腿
- 1个大番茄——切碎
- 草本盐替代品和
- 白胡椒——适量
- 新鲜莳萝小枝和酸
- 奶油——装饰用

方向

a) 将黄瓜、柠檬汁、盐替代品、蜂蜜、酸奶和水放入搅拌机中搅拌成糊状，直至非常顺滑。加入切碎的火腿。将汤倒入一个大碗中，盖上保鲜膜，冷藏过夜（8 至 12 小时）。

b) 早上，将番茄打成泥，加入汤中。品尝调味料，如果需要，添加更多的盐替代品和胡椒粉。

c) 用新鲜莳萝和一团酸奶油装饰，将汤放入冰镇碗中。

38. 酸菜汤

5人份

原料：

- 6 杯蔬菜汤
- 1.5 杯切碎的胡萝卜
- ½ 杯切丁芹菜
- 1 杯去皮新鲜土豆，切丁
- 1 杯大蒜或莳萝泡菜，切碎
- 面粉，根据需要（约 ¼ 杯）

方向

a) 在一个大平底锅中，将肉汤快速煮沸，然后将热量降低至低温并使其慢炖。与胡萝卜、芹菜和土豆一起炖 15 分钟。

b) 炖 30 分钟，或直到土豆煮熟，根据需要加入泡菜。如果你想要浓稠的汤，用等量的面粉和水做成糊状。

c) 慢慢倒入牛奶，不断搅拌，直到汤稍微变稠。

39. 罗宋汤

6人份

原料：

- 2 束带蔬菜的甜菜（约 8-9 个中型甜菜）
- ½ 杯切碎的洋葱
- 1 磅罐装西红柿汤
- 3汤匙新鲜柠檬汁
- ⅓杯素食颗粒状甜味剂

方向

a) 擦洗和清洁甜菜，但保留皮肤。保持果岭安全。在一个大锅中，将甜菜、洋葱和 3 夸脱水混合。

b) 煮一小时，或直到甜菜变软。将甜菜从水中取出，但不要将水倒掉。把洋葱扔掉。

c) 将甜菜切碎后放回水中。蔬菜在加入水中之前应清洗并切碎。将西红柿、柠檬汁和甜味剂混合在搅拌碗中。用中火煮 30 分钟，或直到蔬菜变软。

d) 食用前，冷藏至少 2 小时。

40. 草莓/蓝莓汤

4人份

原料：

- 1磅新鲜草莓或蓝莓，清洗干净
- 1 ¼ 杯水
- 3 汤匙素食颗粒状甜味剂
- 1汤匙新鲜柠檬汁
- ½ 杯大豆或米咖啡奶精
- 可选：2 杯煮熟的凉面

方向

a) 在一个中等大小的锅中，将水果与水混合并加热快速煮沸。

b) 把火调小，盖上盖子，煮 20 分钟，或者直到水果变软。

c) 在搅拌机中搅拌至光滑。将果泥放回锅中，加入糖、柠檬汁和奶精搅拌。搅拌后文火煮 5 分钟。

d) 食用前，将汤冷却至少 2 小时。

e) 这种汤传统上单独食用或与冷面一起食用。

41.卷心菜汤

6人份

原料：

- 2汤匙人造黄油
- 2 杯切碎的绿色卷心菜
- ½ 茶匙黑胡椒
- 3杯水
- 2 杯去皮切块的土豆
- ½ 杯切碎的新鲜番茄

方向

a) 在汤锅中，融化人造黄油。

b) 加入卷心菜和胡椒粉，煮约 7 分钟，或直到卷心菜变成褐色。

c) 倒入土豆、西红柿和水；盖上锅盖煮 20 分钟，或直到土豆煮熟。

42. 蔬菜汤

服务： 4

原料：

- 蔬菜汤（2 根胡萝卜、½ 根芹菜、1 根韭菜、新鲜欧芹）
- 100 克（1 杯）花椰菜小花
- 50 克（½ 杯）熟玉米
- 盐和胡椒
- 可选：肉汤块，洋葱

方向

a) 将 2 夸脱（2 升）水放入大锅中煮沸。

b) 将胡萝卜、芹菜根和韭葱切成 1/4 英寸（6 毫米）的薄片。将火调小，将切好的蔬菜、花椰菜小花和玉米加入沸水中。

c) 用盐和胡椒调味，然后用中火炖约 40 分钟。

d) 用切丁的欧芹小花装饰。

43. 蕃茄汤

服务： 4

成分：

- 2夸脱肉汤
- 2汤匙椰子奶油
- 1汤匙面粉
- 5 盎司。（150 毫升）番茄酱
- 盐和胡椒
- 莳萝

方向

a) 过滤由汤类蔬菜（2 根胡萝卜、12 根洋葱、12 根芹菜根、1 根韭菜、大量欧芹茎）制成的肉汤，并保持液体。

b) 将椰子奶油与面粉混合，然后将其与番茄酱一起加入肉汤中。

c) 在高温下煮沸，加入盐和胡椒调味，并用莳萝装饰。

d) 为了使汤更饱满，可以加入米饭或面条。

44. 泡菜汤

服务： 4

原料：

- 3个土豆
- 1 块肉汤块
- 1汤匙椰子油
- 2个大泡菜，切丁
- 250 毫升（1 杯）泡菜汁
- 2汤匙椰子奶油
- 1汤匙面粉
- 盐
- 莳萝

方向

a) 将土豆去皮并切成半英寸（1.3 厘米）的方块，然后在 2 夸脱（2 升）水中与肉汤块和椰子油一起煮沸。

b) 大约 20 分钟后，当土豆开始变软时，加入切得很细的泡菜和泡菜汁。

c) 将椰子奶油和面粉混合在一个单独的碗中，然后逐渐加入 3 汤匙正在加热的肉汤。然后将混合物放回汤中，重新煮沸。

d) 加入盐和莳萝丁调味（但首先品尝汤以确保泡菜汁不会太浓）。

e) 大米可以用来代替土豆。汤煮好后，跳过第 1 步，加入 3 杯米饭。

45. 酸黑麦汤

服务： 2

原料：

- 2 夸脱。肉汤
- 2 杯酸黑麦面粉
- 2汤匙面粉
- 盐
- 2 瓣大蒜
- 可选：蘑菇

方向

h) 煮汤蔬菜制成肉汤。如果需要，您还可以添加一些切碎的蘑菇。

i) 蔬菜变软时（大约 40 分钟），将混合物和面粉加入肉汤中。

j) 你可以加盐调味。

k) 将大蒜加入肉汤中，切碎或切丁。

46. 冷冻甜菜汤

服务： 2

原料：

- 1 束甜菜
- 1个黄瓜
- 3-5个萝卜
- 莳萝
- 韭菜
- 1 夸脱原味植物性酸奶
- 盐和胡椒
- 糖
- 可选：柠檬汁

方向

a) 将甜菜从串中取出，仅将茎和甜菜叶切丁，然后在少量水中炖约 40 分钟直至变软。上菜前让其冷却。

b) 黄瓜、萝卜、莳萝和细香葱都应该切碎。将这些**成分**以及甜菜混合物混合在植物酸奶中并充分搅拌。

c) 品尝时，根据需要加入盐、胡椒、糖和柠檬汁调味。如果您想要更光滑的质地，请将汤混合或制成浓汤。

d) 冷藏后撒上莳萝丁。

e) 这种汤传统上只用甜菜根植物的茎和叶制成。但是，您可以只使用甜菜。 1 磅煮熟的甜菜，精细磨碎并与剩余的成分

混合

47. 水果汤

服务： 4

原料：

i) 1汤匙土豆粉

j) 250 毫升（1 杯）肉汤，冷藏

k) 3个苹果

l) 8盎司。（250 克）李子或樱桃

m) ⅓ - ½ 杯（75 - 115 克）糖

方向

a) 要制作浆状物，请将一半的冷肉汤与面粉混合。

b) 将苹果、李子或樱桃去皮后放入 112 夸脱（112 升）水中煮沸。当水果变软时，用细刨丝器将其磨碎或在搅拌机中用水打成泥，然后加糖调味。

c) 将面粉和肉汤浆混合在搅拌碗中。

d) 搅拌肉汤混合物，直到一切都适当混合。

48. 马铃薯汤

服务： 4

原料：

- 1½ 夸脱蔬菜汤
- 2个洋葱
- 2个韭菜
- 5 瓣大蒜
- 3汤匙橄榄油
- 4个土豆
- 香草：月桂叶、百里香、细香葱
- 盐和胡椒

方向

a) 将洋葱和韭菜切得很细，然后将它们切成四分之一英寸（6 毫米）的环，然后用橄榄油将它们和切成薄片的蒜瓣一起炒熟。

b) 清洗、去皮、洗净后的土豆切块。

c) 当洋葱和韭菜呈中等棕色时，加入土豆、香草、盐和胡椒粉。搅拌片刻，然后盖上高汤，用小火煮约 30 分钟，直到土豆变软。

d) 汤冷却后，将其放入搅拌机中搅成糊状。盐和胡椒调味。

49. 柠檬汤

服务： 4

原料：

- 2 夸脱肉汤或原汤
- ½－1 杯（95－190 克）白米
- 2个柠檬
- 盐和胡椒
- 可选：½杯椰子奶油

方向

a) 用 2 夸脱（2 升）水和蔬菜汤或高汤（2 根胡萝卜、12 根洋葱、1 根芹菜、1 根韭菜、许多欧芹茎）制作肉汤。

b) 只用肉汤或汤汁将米饭煮成糊状，大约需要 25 分钟。

c) 将 1 个柠檬去皮，切成薄片，然后将其与少许盐一起倒入煮沸的米饭中。

d) 继续搅拌汤，同时加入剩余的柠檬汁。

e) 用小火煮几分钟，用盐和胡椒调味。

50. 芦笋汤

服务： 4-6

原料：

- 1 磅（450 克）白芦笋
- 蔬菜汤（2 根胡萝卜、1 根韭菜、½ 芹菜根、新鲜欧芹）
- 2汤匙椰子油
- 30 克（¼ 杯）面粉
- 盐和糖
- 125 毫升（½ 杯）椰子奶油

方向

a) 芦笋去皮，芦笋洗净。在装有 2 夸脱（2 升）水的锅中煮芦笋茎和汤，**直至变软。**肉汤的液体应该保存。

b) 分别用少量水煮芦笋头。

c) 将芦笋茎打成泥并磨碎。

d) 将芦笋泥与高汤混合。

e) 在平底锅中，融化椰子油，加入面粉，用小火搅拌成糊状。煮汤时，将煮熟的芦笋头、盐和胡椒加入汤中。

f) 最后与面包丁和一团椰子奶油一起食用。

51. 大头菜汤

份量：6 份

原料

- 1 大头菜，去皮，切丁，也用树叶
- 1 个中等大小的洋葱，切碎
- 1 根中等大小的胡萝卜，去皮，切成方块
- 2 个中等大小的土豆，去皮，切成方块
- 2 汤匙欧芹和莳萝，切碎
- 1 升 蔬菜高汤 热的
- 油和黄油各 1 汤匙
- 海盐和胡椒调味
- 1汤匙玉米淀粉加2汤匙热水

方向

a) 将大头菜的叶子去皮并粗切，丢弃茎。将大头菜、胡萝卜和土豆切成方块。

b) 在大锅中加热 1 汤匙油，然后加入洋葱并用文火煮 3 分钟，或直至洋葱变软。用剩下的蔬菜和欧芹煮几分钟，经常搅拌。

c) 加入蔬菜高汤、胡椒粉调味，搅拌，盖上盖子，煮沸，然后转小火煮，不时搅拌约 30 分钟，或直到蔬菜变软。

d) 加入切碎的莳萝，再炖 3 分钟。此时您可以使汤变稠（尽管您不必这样做）。为此，将 2 汤匙热水与玉米淀粉混合，然后加入汤中搅拌并煮 3 分钟。

e) 从火上移开，调味，然后在上菜前加入一汤匙黄油。

52. 乌克兰豆汤

产量：10份

成分

- 1磅 白豆，干
- 1.5 磅 酸菜
- ¾磅 咸猪肉
- 4 土豆，立方体
- ½杯 植物油
- 1½ 汤匙 面粉
- 各1个 洋葱，lg。粗切
- 1茶匙 盐
- 1茶匙 黑胡椒
- 4 月桂叶
- 3个 蒜瓣，切碎
- 2汤匙 胡椒粒
- ½杯 酸奶，原味
- 各1个 胡萝卜，lg。切碎的

a) 将豆子浸泡一夜。分别煮肉、土豆、豆类和酸菜。

b) 完成后将肉去骨并切成 ½″ 方块。将土豆切成丁。将豆子压碎。

c) 用油、面粉和洋葱做面糊。将肉和蔬菜放入锅中，加入面粉糊和月桂叶。

d) 盖上高汤，再煮 10 分钟。

53. 去绿汤

品牌：2 份

原料

- 4 个黄瓜，切碎，中等大小
- 芹菜杆切碎
- 一汤匙的青柠汁
- 1 1/2 杯豆瓣菜叶（包装），加上 1/2 杯额外的叶子作为装饰
- 鳄梨泥
- 1 茶匙小麦草粉冻干
- 1 少许海盐调味
- 1 少许现磨黑胡椒粉调味

方向

a) 用搅拌机将 2 杯水与黄瓜、芹菜、酸橙汁、1 1/2 杯西洋菜和海盐搅成泥。

b) 尽可能搅拌均匀。使用大的细网筛过滤混合物并制成充满活力的绿色肉汤。（粗棉布也可以用来代替筛子，使用几层来创建更细的网格。）

c) 将肉汤放回搅拌机中，加入鳄梨和小麦草粉。搅拌至光滑。冷却至少 30 分钟。

d) 上菜时，用几片豆瓣菜叶和少许黑胡椒装饰。

54. 泰国椰子咖喱拉面

制作：2 份

原料：

- 1 1/2 汤匙素食红咖喱酱
- 1/3 红洋葱，切丁
- 2 瓣大蒜，切碎
- 2 拇指大小的生姜，磨碎
- 1 根新鲜柠檬草，切碎
- 2茶匙纯枫糖浆或红糖
- 3 汤匙酸橙或柠檬汁
- 盐的味道
- 一盘混合蔬菜
- 2罐椰奶
- 1 1/2 杯蔬菜汤
- 3-4片青柠叶
- 2-3包新鲜的日本拉面或用任何其他干拉面代替
- 几片煮熟的豆豉或豆腐
- 1 杯冷冻或新鲜玉米用于浇头 - 如果冷冻则解冻
- 4-5 个圣女果
- 几块青柠角

- 一把红萝卜微型蔬菜

方向：

a) 将一个大锅放在中高火上。加入 1/2 杯蔬菜汤，然后加入咖喱酱、青葱、大蒜、生姜和柠檬草，以及洋葱丁。煮至咖喱酱完全溶解，约 8分钟。

b) 加入 2 罐椰奶和剩余的蔬菜汤。将咖喱煮沸，然后转小火慢炖。

c) 加入蔬菜混合物、青柠叶和枫糖浆。盖上盖子，用小火慢炖5-8分钟。

d) 同时，将一锅中等大小的水烧开。这将是您煮拉面的水。将拉面放入沸水中，松开面条，确保它们分布均匀。

e) 煮至有嚼劲，沥干水分并用冷水冲洗。搁置。

f) 将拉面分成 2-3 个汤碗，将美味的咖喱汤舀在上面，并用新鲜香草、西红柿、玉米、豆腐或豆豉装饰。

55. 烤西兰花微绿汤

使： 2份

原料

- 1 头西兰花，切成小朵
- 1 个大黄洋葱，切成楔形
- 4 个整瓣大蒜，去皮
- 1汤匙葡萄籽油
- 1/4 茶匙 盐
- 4 杯蔬菜汤
- 2 杯西兰花微绿
- 3 盎司。羊乳酪，切碎
- 1 杯煮熟或罐装海军豆
- 1/2 柠檬汁
- 1/2 茶匙辣椒粉
- 3汤匙无盐烤葵花籽
- 2 汤匙特级初榨橄榄油

方向

a) 将烤箱预热至 425° F 。

b) 将带边的烤盘放入烤箱。

c) 在搅拌碗中，将西兰花、洋葱和大蒜与油和盐混合。

d) 将西兰花铺在热烤盘上，烤 25 分钟，同时搅拌一次。

e) 在搅拌机或食品加工容器中混合或加工肉汤、烤蔬菜、微型蔬菜、羊乳酪、豆类、柠檬汁和辣椒粉，直至变得光滑。

f) 在锅中加热汤，如有必要，用额外的肉汤或水稀释。

g) 用额外的微型蔬菜、羊乳酪、葵花籽和少许油装饰。

56. 蕃茄汤

产量：6 杯（1.42 升）

原料

- 2茶匙油
- 1 堆茶匙孜然种子
- ½ 茶匙姜黄粉
- 4 个中等大小的西红柿，去皮并切碎
- 1 块姜根，去皮并磨碎或切碎
- 3 瓣大蒜，去皮切碎
- 1-2 个绿色泰国辣椒、塞拉诺辣椒或卡宴辣椒，切碎
- ¼ 杯（4 克）切碎的新鲜香菜
- ½ 茶匙红辣椒粉或卡宴
- 4 杯（948 毫升）水
- 1茶匙粗海盐
- ½ 茶匙黑胡椒粉
- ½ 酸橙汁
- 2汤匙营养酵母
- 装饰用面包丁

方向

a) 在一个大汤锅里，用中高温加热油。

b) 加入孜然和姜黄，煮至种子发出嘶嘶声，大约 30 秒。

c) 加入西红柿、姜根、大蒜、辣椒、香菜、红辣椒粉和水。煮滚。

d) 将火调至中低火，然后用文火炖约 15 分钟。西红柿变软后，用浸入式搅拌机加工至光滑。

e) 如果需要，加入盐、黑胡椒、酸橙汁和营养酵母。搅拌均匀，趁热上桌，饰以面包丁。上菜前在每杯中加入一汤匙煮熟的棕色或白色印度香米，将其变成一顿迷你餐。

57. 清潭万里汤

产量：12 杯（2.84 升）

原料

- 1 杯（192 克）干红裂（棕色）扁豆（masoor dal），清洗干净
- 8 杯（1.90 升）水
- 1 个中等大小的洋葱，去皮并切碎
- 2 个中等大小的西红柿，去皮并切碎（1 杯 [160 克]）
- 1 个小土豆，去皮切丁
- 1 汤匙全黑胡椒粒
- 1茶匙姜黄粉
- 1（8 盎司 [227-g]）包普通面筋，沥干并切成小块（2 杯）
- 2茶匙粗海盐
- 1茶匙黑胡椒粉
- 1 汤匙克（鹰嘴豆）面粉（besan）
- 3汤匙油
- 3汤匙姜蒜酱
- 2 茶匙孜然粉
- 2 茶匙香菜粉
- 1茶匙红辣椒粉或卡宴

- 1个柠檬汁

方向

a) 将扁豆、水、洋葱、西红柿、土豆、花椒和姜黄放入一个又大又重的汤锅中。用中高火煮沸，然后将火调至文火。

b) 部分盖上盖子煮 20 分钟。

c) 同时，将面筋、盐和黑胡椒粉混合在一起。

d) 汤煮好后，用浸入式搅拌机、普通搅拌机或更强大的搅拌机将其搅拌至光滑。如果需要，分批混合。

e) 轻轻撒上克面粉。

f) 在一个小煎锅中，用中高温加热油。

g) 加入姜蒜酱，炒 1 到 2 分钟。 （手头有一个盖子；油可能会飞溅。继续搅拌，必要时降低热量。）

h) 加入孜然、香菜和红辣椒粉，搅拌 1 分钟。

i) 加入面筋混合物，再煮 3 分钟，直至略呈褐色。

j) 将这种混合物加入汤中，煮沸。

k) 加入柠檬汁。

l) 盛在碗里，趁热上桌。您还可以在加入汤之前在每个碗中加入一汤匙煮熟的米饭以增加口感。

58. 五香青汤

产量：8 杯

原料

g) 2汤匙油

h) 1 茶匙孜然种子

i) 2片决明子叶

j) 1 个中等大小的黄洋葱，去皮并切碎

k) 1 块姜根，去皮并磨碎或切碎

l) 10 瓣大蒜，去皮并切碎

m) 1 个小土豆，去皮并切碎

n) 1-2 个绿色泰国辣椒、塞拉诺辣椒或卡宴辣椒，切碎

o) 290 克（2 杯）豌豆，新鲜或冷冻

p) 60 克（2 杯）包装好的切碎蔬菜

q) 6杯水

r) ½ 杯（8 克）切碎的新鲜香菜

s) 2茶匙粗海盐

t) ½ 茶匙香菜粉

u) ½ 茶匙烤孜然粉

v) ½ 柠檬汁

w) 装饰用面包丁

方向

a) 在一个又深又重的汤锅里，用中高温加热油。

b) 加入孜然种子和肉桂叶并加热，直到种子发出嘶嘶声，大约 30 秒。

c) 加入洋葱、姜根和大蒜。再煮 2 分钟，偶尔搅拌。

d) 加入土豆，再煮 2 分钟。

e) 加入辣椒、豌豆和蔬菜。煮 1 到 2 分钟，直到蔬菜枯萎。

f) 加水。煮沸，调小火，不盖盖子炖 5 分钟。

g) 加入香菜。

h) 取出肉桂或月桂叶，用浸入式搅拌机搅拌。

i) 把汤倒回锅里。加入盐、香菜和孜然粉。把汤烧开。加入柠檬汁。

59. 番茄罗望子汤

产量：12 杯（2.84 升）

原料

- 96 克（½ 杯）去皮干木豆（toor dal），清洗干净
- 4 个中等大小的西红柿，去皮并切碎（4 杯 [640 克]）
- 1 块姜根，去皮并磨碎或切碎
- 2茶匙粗海盐
- 1茶匙姜黄粉
- 237 毫升（1 杯）罗望子汁
- 2 汤匙 Rasam 粉
- 7 杯（1.66 升）水
- 1汤匙油
- 1 茶匙黑芥末籽
- 1 茶匙孜然种子
- 15-20 片咖喱叶，切碎
- 1 大汤匙切碎的新鲜香菜，用于装饰
- 柠檬角，装饰用

方向

a) 将木豆、西红柿、姜根、盐、姜黄、罗望子汁、Rasam 粉和水放入慢炖锅中。高火煮 3.5 小时。

b) 使用浸入式搅拌机、传统搅拌机或强力搅拌机搅拌。

c) 同时，在炉灶上进行回火 (tarka)。在炒锅中，用中高温加热油。加入芥末和孜然，煮至混合物发出嘶嘶声，大约 30 秒。加入咖喱叶，煮至叶子略微变成棕色并开始卷曲。小心偶尔混合，以免香料燃烧。 1 到 2 分钟后，将热的混合物放入慢炖锅中。

d) 将汤再煮 30 分钟，立即上桌，饰以香菜和柠檬角。

60. 番茄汤料

产量：4½ 杯（1.1 升）

原料

- 1个大洋葱，去皮并切碎
- 4个大西红柿，去皮并切碎
- 1 杯（96 克）去皮并切碎的姜根
- 10 瓣大蒜，去皮和修剪
- 1 汤匙姜黄粉
- ¼ 杯油（59 毫升）

方向

a) 将所有材料放入慢炖锅中，轻轻混合。

b) 高火煮 6 小时。

c) 使用浸入式搅拌机、传统搅拌机、食品加工机或强力搅拌机将混合物加工至光滑。

d) 将混合物放回慢炖锅中，在高温下再煮一个小时。在冰箱中存放长达 1 周，或在冰箱中存放长达 3 个月。

61. 姜汤

产量：7 杯

原料

- 2 个大黄洋葱，去皮（4 杯 [600 克] 磨碎）
- 2 磅姜根，去皮（4 杯磨碎）
- 2 杯大蒜，去皮并修剪
- 4 汤匙（24 克）孜然种子
- 4 汤匙（27 克）姜黄粉
- 119 毫升（½ 杯）油
- 119 毫升（½ 杯）水

方向

a) 在强力搅拌机中分别研磨洋葱、姜根和大蒜。关键是尽可能细地研磨每种成分。

b) 将孜然、姜黄和油加入慢炖锅中。

c) 用水清洗搅拌罐，然后将其倒入慢炖锅中。轻轻混合。

d) 高火煮10小时。这种混合物在冰箱中最多可保存 1 周，在冰箱中最多可保存 3 个月。

62. 姜汁豆浆汤

产量：3.5 杯（3.32 升）

原料

- 2杯原味不加糖豆浆
- 59 毫升（¼ 杯）阿达拉克马萨拉
- ½ 茶匙粗海盐
- ½ 茶匙红辣椒粉或卡宴
- 1-3 个绿色泰国辣椒、塞拉诺辣椒或卡宴辣椒，切碎
- 119 毫升（½ 杯）水（可选）
- ¼ 杯（4 克）切碎的新鲜香菜

方向

- 在中高火的锅中，将豆浆轻轻煮沸。
- 添加 Adarak Masala、盐、红辣椒粉、绿辣椒和水（如果使用）。煮沸，加入香菜，与浓稠的烤肉或馕饼一起食用。

63. 汤汤

原料：

- 500 克火鸡骨头（碎）
- 1公升豆浆
- 20 克姜（切片）
- 1根韭菜（切碎）
- 盐
- 400毫升水

路线：

a) 取一个大平底锅，加入火鸡骨头、韭葱、生姜和 400 毫升水。

b) 盖上盖子，让所有东西煮约 15 分钟。

c) 打开盖子，等到肉汤减少到大约。 100-150 毫升。

d) 加入豆浆，再煮 10 分钟。警告：豆浆容易燃烧。

e) 过滤肉汤。将每个 235 毫升放入汤碗中。根据需要添加意大利面和浇头。

64. 味噌汤

原料：

- 1 根中等大小的胡萝卜（去皮并切碎）
- ½ 个洋葱（去皮并切碎）
- ½ 个苹果（去核、去皮并粗切）
- 1 根芹菜（粗切）
- 3 瓣大蒜（去皮）
- 120 毫升椰子油
- 2汤匙芝麻油
- 340 克碎肉
- 2 茶匙鲜姜（切片）
- 1茶匙西拉查
- 2汤匙酱油
- 1茶匙苹果醋
- 1茶匙盐
- 1汤匙芝麻
- 175 毫升 Shiro Miso（白味噌，淡而甜）
- 175 毫升赤味噌味噌（红味噌，深色咸味）
- 475 毫升鸡肉或蔬菜高汤

路线：

a) 将胡萝卜、洋葱、苹果和芹菜棒勾好。

b) 将椰子油和 1 茶匙芝麻油放入大平底锅中，用中火加热。然后将切碎的蔬菜和水果在锅中煎约 10-12 分钟，直到洋葱呈半透明状，苹果呈浅褐色。然后稍微降低热量。

c) 将蜂蜜酒加入锅中，等待大约 8-10 分钟，直到蜂蜜酒不再呈粉红色。加入生姜、酱油、苹果醋和盐，搅拌均匀。

d) 将整个混合物放入食品加工机中，直到肉被磨得很细。或者，您可以例如 B. 使用马铃薯捣碎机。

e) 将芝麻和味噌加入混合物中，搅拌均匀。稠度应该像浓稠的糊状物。这创造了味噌的基础。

f) 将蔬菜或鸡汤煮沸。加入 6 茶匙味噌粉底。

g) 将现成的汤放入两个碗中（每个碗约 235 毫升），然后根据需要加入意大利面和配料。

65. 大石汤

原料：

- 10 克海带
- 10 克鲣鱼片
- 720毫升水

路线：

a) 拿一个锅最小。 500毫升容量，将鲣鱼片放入一个锅中，将海带放入另一个锅中。

b) 将两个锅都煮沸，然后用文火炖 1 小时。

c) 最后，滤出配料并将两种啤酒混合在一起。

d) 将每个 235 毫升放入汤碗中。根据需要添加意大利面和浇头。

66. 猪骨汤

原料：

- Seabura（熟猪腰肉）
- 700 克猪肉，切条
- 水

猪骨汤

- 225 克鸡脚（洗净，去皮去脚趾）
- 3.6 - 4.5 千克猪肘（破损，用于骨髓）
- 455 克土豆（去皮并粗切）
- 4.7 升水
- Shiodare（咸味）
- 1 大块矩形海带（约 25 厘米长，粗切）
- 2 小干香菇（压碎）
- 946 毫升水
- 2茶匙鲣鱼片
- 300 克地毯壳
- 140克盐
- Shoyudare（酱油味）

路线：

a) 开始之前，准备叉烧。

b) 从 Seabura 开始：将猪里脊放入平底锅中，用水覆盖。将水短暂煮沸，然后用文火炖 4 小时。

c) 烹饪猪骨肉汤：将水放入单独的平底锅中煮沸。将鸡脚焯水，擦干，然后将它们与猪肘和土豆一起放入高压锅中。用 4.7 升水覆盖所有东西。确保水和其他配料不会填满锅的一半以上。

d) 加热锅直到蒸汽从压力阀中逸出（这最多需要 20 分钟）。等待大约。 10 分钟，直到锅充满蒸汽。将热量设置为最高水平，让它煮一个小时。

e) 制作 Shiodare：取一个中等大小的平底锅，将海带、香菇和 950 毫升水煮沸。减少热量，大约 5 分钟。取出海带和香菇，将液体倒入干净的中型平底锅中。

f) 将鲣鱼片加入液体中，煮沸。文火煮 5 分钟。挤压鲣鱼片并将其从汤中取出。将汤放入干净的中型平底锅中。

g) 把汤烧开，加入地毯蛤蜊。文火煮 5 分钟。用筛子取出贻贝。将一升肉汤转移到一个新的平底锅中，加入盐（140 克）。

h) 一个小时后，将高压锅从炉子上取下并释放压力。压碎猪骨，露出骨髓。把整个东西在低温下再煮一个小时，一遍又一遍地搅拌。

i) 在您打算用餐时使用的汤碗中各加入一茶匙叉烧和盐渍。

j) 把炖好的猪肉从炉子上取下来，倒掉水。将肉切成小块（约 5 厘米）。将整块肉一块一块地推过粗筛，将其切碎。 Seabura 准备好了。

k) 把汤从高压锅里滤出来，放在一个单独的平底锅里，保温。上菜前再次将汤煮沸。

l) 将叉烧切成6毫米长的块，放入锅中炸至酥脆。

m) 最后，将滚烫的豚骨汤（235 毫升）加入汤碗中。在每份中加入一茶匙 Seabura。根据需要添加意大利面和浇头。

67. 酱油汤

原料：

- 4茶匙椰子油
- 2 根中等大小的胡萝卜（去皮并切碎）
- ½ 个洋葱（去皮并切碎）
- 3 颗葱（切片）
- 1 个苹果（去核、去皮并粗切）
- 2根芹菜茎（粗切）
- 5 瓣大蒜（去皮）
- 5 朵干香菇（掰成小块）
- 1只整鸡
- 4 块牛尾（每块约 5 厘米）
- 1 个柠檬（四分之一）
- 2.2 升低钠鸡汤
- 175 毫升 酱油
- 4汤匙大石颗粒
- 2茶匙盐
- ½ 茶匙白胡椒粉
- 1 片月桂叶

路线：

a) 将椰子油、胡萝卜、洋葱、苹果、芹菜、Konoblauch 和干香菇桩放入砂锅中。

b) 然后加入整只鸡、牛尾和柠檬。将荷兰烤炉放入烤箱烤8-10小时，加热至90° C，当牛尾很容易从骨头上脱落时，就完成了。

c) 使用漏勺去除较粗的部分。把剩下的放在一个大平底锅里。你现在应该有一个棕色、闪亮、高脂肪的汤。

d) 将汤放入平底锅中煮沸。在每个汤碗中放入 235 毫升的汤。根据需要添加意大利面和浇头。

68. 盐汤

原料：

- 1 根中等大小的胡萝卜（去皮并切碎）
- ½ 个洋葱（去皮并切碎）
- 3 颗葱（切片）
- ½ 个苹果（去核、去皮并粗切）
- 1 根芹菜杆（切段）
- 3瓣大蒜
- 5个新鲜香菇
- 120毫升椰子油
- 1茶匙芝麻油
- 3汤匙鱼汤颗粒
- 2茶匙盐

肉汤：

- 2 茶匙无盐黄油（每份）
- 低钠鸡肉或蔬菜汤（每份 235 毫升）
- 味醂（甜米酒；每份 2 茶匙）
- 1 大块矩形海带（约 25 厘米长，粗切）
- 干香菇（压碎；每份 2 个蘑菇）

路线：

a) 将胡萝卜、洋葱、葱、苹果、蒜瓣和新鲜香菇放入食品加工机中，切碎直至形成糊状。

b) 在中型平底锅中用中火加热椰子油和芝麻油。加入果蔬糊，煮约 10-12 分钟。然后加入鱼汤颗粒和盐。搅拌均匀。

c) 对于肉汤，将黄油放入一个大平底锅中，然后用中火加热。当黄油开始变成浅棕色并散发出坚果味时，加入鸡汤或蔬菜汤、味醂、海带和干香菇。把它烧开。

d) 然后减少热量，让它炖 15 分钟。使用漏勺去除较粗的部分。添加 Shio 蔬菜和水果基地。

e) 将每个 235 毫升放入汤碗中。根据需要添加意大利面和浇头。

69. 素食高汤

原料：

- 25 克香菇（干）
- 10 克海带
- 1 升水

路线：

a) 拿一个锅最小。 500 毫升容量，将香菇堆放在一个锅中，将海带放在另一个锅中。

b) 将两个锅都煮沸，然后用文火炖 1 小时。

c) 最后，滤出配料并将两种啤酒混合在一起。

d) 将每个 235 毫升放入汤碗中。根据需要添加意大利面和浇头。

70. 素食 Kotteri 肉汤

份量：8

原料：

- 500 克胡桃南瓜（约 300 克去皮并粗切）
- 2 个洋葱（去皮并切碎）
- 3 瓣大蒜（去皮）
- 100 克新鲜香菇
- 6 干香菇
- 6-8 克海带
- 2 升水
- 2茶匙辣椒粉
- 2汤匙生姜（切碎）
- 75 毫升酱油
- 4 WL 味噌酱
- 3汤匙米醋
- 3汤匙椰子油
- 2茶匙盐
- 橄榄油

路线：

a) 将烤箱预热至250° C。

b) 取一个大平底锅，将约 2 升水烧开。加入干香菇和海带。减少热量，让所有东西炖约 1 小时。

c) 将南瓜、洋葱、大蒜和新鲜香菇与少许橄榄油和辣椒粉混合，然后铺在烤盘上。

d) 在烤箱中将蔬菜煮约 15

e) 分钟。将温度降至 225° C，再煮 15 分钟。

f) 汤炖一个小时后，取出蘑菇和海带，加入蔬菜和生姜。盖上盖子，让肉汤炖 20 分钟。

g) 把肉汤搅成泥。

h) 然后加入味噌酱、酱油、米醋、椰子油和盐，再次将肉汤搅成泥。如有必要，肉汤可以用水稀释。

i) 将每个 235 毫升放入汤碗中。根据需要添加意大利面和浇头。

71. 鲜味蔬菜汤

份量：12

原料：

- 2汤匙淡味噌酱
- 2汤匙菜籽油
- 2汤匙水
- 2 个洋葱（去皮并切碎）
- 2 根胡萝卜（去皮并切碎）
- 4根芹菜茎（切碎）
- 1根韭菜（切碎）
- 1 球茴香（切碎）
- 5根香菜根
- 1头大蒜（切半）
- ½ 束平叶欧芹
- 5个干香菇
- 20 克海带
- 2茶匙盐
- 1茶匙黑胡椒
- 2 片月桂叶

- ½ 茶匙黄芥末籽
- ½ 茶匙香菜种子
- 3.5 升水

路线：

a) 将味噌酱与菜籽油和 2 汤匙水混合，备用。

b) 将蔬菜、海带和香菇放在烤盘上。在上面淋上混合的味噌酱。将整个东西在 150° C 的烤箱中放置 1 小时。中间将其翻转过来。

c) 然后把烤好的蔬菜放在一个大平底锅里。加入香料并倒入水中。将所有东西煮沸，调小火，然后用文火炖 1.5 小时。

d) 将每个 235 毫升放入汤碗中。根据需要添加意大利面和浇头。

72. 清洋葱汤

份量：6

原料

- 6 杯蔬菜汤（也可以使用鸡肉或牛肉汤，如果有的话，也可以两者结合使用。一定要使用低钠品种）
- 2 个洋葱（切丁）
- 1根芹菜茎（切丁）
- 1 根胡萝卜（去皮切丁）
- 1汤匙大蒜（切碎）
- ½ 茶匙生姜（切碎）
- 1茶匙芝麻油
- 1 杯纽扣蘑菇（切成薄片）
- ½ 杯大葱（切片）
- 品尝盐和胡椒
- 品尝酱油（可选）
- 品尝是拉差（可选）

方向

a) 在锅中加入少许油，将洋葱炒至轻微焦糖化。大约 10 分钟。

b) 加入胡萝卜、芹菜、大蒜、生姜、芝麻油和肉汤。用盐和胡椒调味。

c) 煮沸，然后文火煮 30 分钟。

d) 从肉汤中滤出蔬菜。

e) 在碗中加入一把葱和切成薄片的蘑菇。把汤舀在上面。

f) 可选：加入少许酱油和 sriracha 调味。

73. 婴儿拉面汤

一份：4

原料

- 2（14 1/2 盎司）罐装鸡汤
- 1/2 磅小白菜，纵向减半
- 2 个大葱，切成 2 英寸长
- 鲜姜，切碎
- 1 瓣大蒜，切碎
- 1 1/2茶匙酱油
- 1（3 1/2 盎司）包拉面
- 1/4 磅切片火腿
- 4 个煮熟的鸡蛋，去皮并切成四等份
- 1茶匙芝麻油

方向

f) 将锅放在中火上。将肉汤、白菜、大葱、生姜、大蒜和酱油加入其中搅拌。

g) 将它们炖 12分钟。将面条加入锅中。让汤再煮 4分钟。

h) 用您最喜欢的浇头为您的汤加温。享受。

74. 紫菜面汤

一份：4

原料

- 1（8 盎司）包干荞麦面
- 1 C. 准备高汤
- 1/4 C. 酱油
- 2汤匙味醂
- 1/4茶匙白糖
- 2汤匙芝麻
- 1/2 C. 切碎的洋葱
- 1 片紫菜（干海藻），切成细条（可选）

方向

a) 包装上的**说明**煮面条。将其沥干并用水冷却。

b) 将一个小平底锅放在中火上。加入高汤、酱油、味醂和白糖。煮到它开始沸腾。

c) 关掉暖气，让混合物失去热量 27分钟。把芝麻和面条分开放在碗里，然后把高汤倒在上面。

d) 用紫菜和大葱装饰你的汤碗。

e) 享受。

75. 拉面芝麻汤

一份：4

原料

- 1 磅上圆牛排，切丝
- 1汤匙花生油
- 1/2汤匙芝麻油
- 1 英寸新鲜生姜，精细磨碎
- 2 瓣大蒜，切碎
- 1/4-1/2茶匙碎红辣椒片
- 3 C. 牛肉高汤
- 2 束葱，切丁
- 2汤匙米酒醋
- 2 包（3 盎司）拉面，取出包 1/2 C. 小胡萝卜，磨碎d

方向

a) 将一个大煎锅放在中火上。在其中加热每种油的 1/3。

b) 在里面炒姜、大蒜和红辣椒。煮 1分钟。加入1/3的牛肉片。煮4分钟。将混合物放在一边。

c) 用剩下的牛肉和油重复这个过程，直到完成。将一个大平底锅放在中火上。将高汤、醋和葱搅拌进去。煮到它们开始沸腾。

d) 降低热量并煮至开始沸腾。拌入拉面，煮 4 到 4 分钟或直到煮熟。

e) 将面条用勺子舀到碗里，然后在上面放上炒好的 牛肉。趁热食用。

76. 奶油拉面和 蘑菇

一份：4

原料

- 1（3 盎司）包鸡肉味拉面
- 1 罐（10 3/4 盎司）奶油蘑菇汤
- 1（3 盎司）罐装鸡肉

方向

a) 包装上的**说明**准备拉面。

b) 将一个大平底锅放在中火上。将汤、鸡肉和调味料搅拌进去。煮6分钟。

c) 把面条沥干，分装在碗里。用勺子把汤混合在上面，然后趁热上桌。享受。

77. 面条咖喱汤

一份：4

原料

- 3根胡萝卜，切成一口大小的块
- 1 个小洋葱，切成一口大小的块
- 3汤匙水
- 1/4 C. 植物油
- 1/2 C.通用面粉
- 2汤匙通用面粉
- 2汤匙红咖喱粉
- 5 C. 热蔬菜汤
- 1/4 C. 酱油
- 2茶匙枫糖浆
- 8盎司。乌冬面，或更多口味

方向

a) 准备一个微波炉专用碗：将胡萝卜和洋葱倒入水中搅拌。盖上盖子，用高火煮 4 分钟30秒。

b) 将汤锅放在中火上。加热里面的油。添加到它 1/2 C。 加 2汤匙面粉，将它们混合制成糊状。

c) 将咖喱与热汤一起加入，并在一直搅拌的同时煮4 分钟。加入煮熟的洋葱和胡萝卜、酱油和枫糖浆。

d) 包装上的说明煮面条，直到它变软。

e) 煮汤直到它开始沸腾。拌入面条即可食用 你的汤很烫

78. 日本蘑菇汤面

原料

- 2oz Buna shimeji 蘑菇
- 1 捆。荞麦面或您喜欢的面条。按照说明煮沸并沥干
- 3汤匙味滋康汤底
- 2个煮鸡蛋，裂开并切半
- 1 束小白菜或生菜
- 2 杯。水
- 2茶匙白芝麻
- 葱，切碎

指示

e) 在一个中等大小的平底锅中，将水烧开，加入汤底、小白菜和蘑菇。煮2分钟。
f) 将煮熟的面条盛入盘子/碗中。将鸡蛋的两半放在上面，淋上汤
g) 用葱和芝麻装饰
h) 用筷子上桌

79. 鸡肉面条汤

份量：4

原料

- 2汤匙橄榄油
- 1.5 杯韭菜，最后切碎
- 3 瓣大蒜，切碎
- 1.5 磅鸡胸肉，去骨，切成小条
- 6-7 杯鸡汤
- 盐和胡椒粉调味
- 1-2包拉面
- 1 个中等大小的柠檬，切成四分之一
- 1 个煮鸡蛋，如果需要
- 1 根葱，切碎，用于装饰

路线：

1. 用中火在锅中加热少许油。
2. 加入韭菜和大蒜，翻炒至**材料**熟软。
3. 加入鸡肉条，煮约 4-5 分钟。

4. 加入一些鸡汤、盐和胡椒粉，煮沸。关小火，将汤炖 10-12 分钟。

5. 现在，加入面条，煮至变硬。

6. 从火上移开并加入一些柠檬汁。

7. 将汤分成 3-4 碗。

8. 上面放一些葱和鸡蛋。

9. 服务和享受。

80. 猪肉拉面汤

份量：4

原料

- 3汤匙菜籽油
- 2-3 块猪排，去骨
- 盐和黑胡椒，品尝
- 8-10 根大葱，切片，绿色和白色分开
- 1 2 英寸生姜，切片
- 8杯鸡汤
- 3汤匙醋
- 2-3包拉面
- 2汤匙酱油
- 2 根胡萝卜，去皮，磨碎
- 2-3 个萝卜，切成薄片
- ¼ 杯香菜叶，切碎

路线：

1. 用中火加热平底锅 5 分钟。加入一些油，将猪肉煮熟，每面 5-6 分钟。
2. 用盐和胡椒调味。
3. 把它转移到盘子里，盖上箔纸。静置 5 分钟。
4. 在同一个平底锅里，用生姜炒葱，煮 30-50 秒。
5. 加入一些肉汤并煮沸。
6. 加入面条，煮 2-3 分钟。
7. 倒入少许酱油和醋。
8. 将汤倒入碗中，在上面放上猪肉、大葱、切碎的胡萝卜、萝卜片和香菜。

81.简易牛肉拉面汤

份量：2

原料

- 1磅侧翼牛排
- 1 磅菜心，切碎
- 4-5 瓣大蒜，切碎
- 3-4 根大葱，白色和绿色分开，切碎
- 2 杯金针菇，切片
- 1 块 1 英寸生姜
- 4 汤匙 Demi-Glace
- 4汤匙味噌酱
- 3汤匙酱油
- 2汤匙海鲜酱
- 2 包拉面，煮熟
- 3汤匙食用油

路线：

1. 在炒锅中加入一些食用油，将猪肉两面煎至焦黄。从锅中取出并放在一边。

2. 在大锅中加入 5-6 杯水、大蒜、酱油、半汁糖浆、生姜、蘑菇、海鲜酱、菜粉和葱白，煮至变软。

3. 现在，加入炸猪肉并盖上盖子，再煮 10-12 分钟。

4. 现在，加入味噌和面条，再次煮沸。

5. 用勺子舀到碗里，上面放上葱叶。

82. 鱼汤拉面

份量：2

原料

- 2 条中等大小的鱼片，切成 2 英寸的薄片
- ¼ 杯葱，切碎
- 3根胡萝卜，去皮，切片
- 2包拉面
- 1茶匙盐
- 4-5 瓣大蒜，切碎
- 2汤匙食用油
- ¼茶匙黑胡椒
- 4 杯鸡汤
- 2汤匙酱油
- 2汤匙鱼露

路线：

1. 将鸡汤、大蒜、食用油、盐和胡椒粉放入平底锅中煮沸。
2. 加入胡萝卜，用中火煮 5-8 分钟。
3. 加入鱼、洋葱和面条，煮 3-4 分钟或直至熟透。

4. 加入一些鱼露和酱油，混合均匀。

5. 服务热。

83. 虾面汤

份量：1

原料

- 5-6只虾
- 1包面条，加香料
- ¼茶匙盐
- 1汤匙植物油
- 2-3 瓣大蒜，切碎
- 2杯鸡汤

路线：

1. 在平底锅中加热一些油，然后将一些蒜末炒 30 秒。
2. 加入虾，翻炒 4 分钟。
3. 加入所有香料、面条和水，煮沸 3-4 分钟。
4. 放入服务碗中。

84. 蘑菇拉面汤

份量：2

原料

- 2 杯菠菜叶
- 2包拉面
- 3 杯蔬菜汤
- 3-4 瓣大蒜，切碎
- ¼茶匙洋葱粉
- 盐和胡椒粉调味
- 1汤匙植物油
- ¼ 杯葱，切碎
- 3-4 个蘑菇，切碎

路线：

1. 将蔬菜汤、盐、油和大蒜放入平底锅中煮 1-2 分钟。
2. 现在，加入面条、蘑菇、葱、菠菜和黑胡椒，煮 2-3 分钟。
3. 享受热。

85. 蘑菇拉面汤

份量：2

原料

- 2 杯蘑菇，切片
- 2包拉面
- 1茶匙黑胡椒
- 2汤匙辣酱
- 2汤匙酱油
- 1 汤匙伍斯特沙司
- ¼茶匙盐
- 3 杯蔬菜汤
- 1 个洋葱，切碎
- 2汤匙辣椒酱
- 2汤匙花生油

路线：

1. 在平底锅中加热油，用中火将蘑菇炒 5-6 分钟。
2. 加入高汤、盐、胡椒粉、辣椒酱、伍斯特沙司、洋葱和酱油，拌匀。煮几分钟。

3. 加入面条，煮 3 分钟。

4. 完成后转移到一个碗里，上面放上辣椒酱。

5. 享受。

86. 南瓜咖喱配辣籽

原料

e) 3 杯南瓜 - 切成 1 - 2 厘米的块
f) 2汤匙油
g) ½ 汤匙芥菜籽
h) ½ 汤匙孜然种子
i) 捏阿魏
j) 5 - 6 片咖喱叶
k) ¼ 汤匙胡芦巴种子
l) 1/4 汤匙茴香籽
m) 1/2 汤匙磨碎的生姜
n) 1 汤匙罗望子酱
o) 2 汤匙-干椰子粉
p) 2汤匙烤花生
q) 盐和红糖或粗糖调味
r) 新鲜香菜叶

方向

- 加热油并加入芥菜籽。当它们爆开时，加入孜然、胡芦巴、阿魏、生姜、咖喱叶和茴香。煮 30 秒。
- 加入南瓜和盐。加入罗望子酱或里面有果肉的水。加入粗糖或红糖。加入椰子粉和花生粉。再煮几分钟。加入新鲜切碎的香菜。

87. 咖喱罗望子鱼

4人份

原料

i) 11/2 磅，白鱼，切成块
j) 3/4 茶匙和 1/2 茶匙姜黄粉
k) 2 茶匙罗望子果肉，在 1/4 杯热水中浸泡 10 分钟
l) 3汤匙植物油
m) 1/2 茶匙黑芥子
n) 1/4 茶匙胡芦巴种子
o) 8片新鲜咖喱叶
p) 大洋葱，切碎
q) 塞拉诺绿辣椒，去籽切碎
r) 小西红柿，切碎
s) 2 个干红辣椒，粗捣碎
t) 1 茶匙香菜种子，大致捣碎
u) 1/2 杯不加糖的干椰子
v) 食盐，品尝
w) 1杯水

方向

a) 将鱼放入碗中。用 3/4 茶匙姜黄揉搓均匀，静置约 10 分钟。冲洗并拍干。
b) 过滤罗望子并将液体放在一边。丢弃残留物。
c) 在一个大煎锅中，加热植物油。加入芥菜籽和胡芦巴籽。当它们开始飞溅时，加入咖喱叶、洋葱和青辣椒。炒 7 到 8 分钟或直到洋葱完全变成褐色。

d) 加入西红柿，再煮 8 分钟或直到油开始从混合物的侧面分离。加入剩余的 1/2 茶匙姜黄、红辣椒、芫荽籽、椰子和盐；搅拌均匀。拌匀，再煮30秒。

e) 加入水和滤过的罗望子；煮滚。降低热量并加入鱼。用小火煮 10 到 15 分钟或直到鱼完全煮熟。服务热。

88. 藏红花咖喱三文鱼

4人份

原料

- 4汤匙植物油
- 1 个大洋葱，切碎
- 茶匙姜蒜酱
- 1/2 茶匙红辣椒粉
- 1/4 茶匙姜黄粉
- 茶匙香菜粉
- 食盐，品尝
- 1 磅鲑鱼，去骨和
- 立方体
- 1/2 杯原味酸奶，打发
- 1 茶匙烤藏红花

方向

a) 在一个大的不粘锅中，加热植物油。加入洋葱，炒 3 到 4 分钟或直至透明。加入姜蒜酱，炒 1 分钟。

b) 加入红辣椒粉、姜黄、香菜和盐；拌匀。加入鲑鱼，炒 3 到 4 分钟。加入酸奶并降低热量。文火煮至鲑鱼熟透。加入藏红花并搅拌均匀。煮 1 分钟。服务热。

89. 秋葵咖喱

原料

- 250 克秋葵（女士手指）——切成一厘米的块
- 2 汤匙磨碎的生姜
- 1 汤匙芥菜籽
- 1/2 汤匙孜然种子
- 2汤匙油
- 盐的味道
- 捏阿魏
- 2 - 3汤匙烤花生粉
- 芫荽叶

方向

a) 加热油并加入芥菜籽。当它们爆裂时加入孜然、阿魏和生姜。煮 30 秒。

b) 加入秋葵和盐，搅拌至熟。加入花生粉，再煮30秒。

c) 与香菜叶一起食用。

90. 蔬菜椰子咖喱

原料

- 2 个中等大小的土豆，切成方块
- 1 1/2 杯花椰菜——切成小花
- 3 西红柿 r 切成大块
- 1汤匙油
- 1 汤匙芥菜籽
- 1 汤匙孜然种子
- 5 - 6 片咖喱叶
- 捏姜黄-可选
- 1 汤匙磨碎的生姜
- 新鲜香菜叶
- 盐的味道
- 新鲜或干椰子 - 切碎

方向

a) 加热油，然后加入芥菜籽。当它们爆裂时，加入剩余的香料并煮 30 秒。

b) 加入花椰菜、西红柿和土豆，加少许水，盖上锅盖小火慢炖，不时搅拌直至煮熟。应该还有一些液体残留。如果你想要干咖喱，那就炒几分钟直到水蒸发。

c) 加入椰子、盐和芫荽叶。

91. 基本蔬菜咖喱

原料：

- 250 克蔬菜——切碎
- 1茶匙油
- ½ 茶匙芥菜籽
- ½ 茶匙孜然种子
- 捏阿魏
- 4 - 5 片咖喱叶
- ¼ 茶匙姜黄
- ½ 茶匙香菜粉
- 捏辣椒粉
- 姜末
- 新鲜香菜叶
- 糖/粗糖和盐调味
- 新鲜或干椰子

方向

a) 根据蔬菜的不同，将蔬菜切成小块（1至2 厘米）。

b) 加热油，然后加入芥菜籽。当它们爆开时，加入孜然、生姜和剩余的香料。

c) 加入蔬菜并煮熟。这时你可能想把蔬菜炒熟，或者加些水，盖上锅盖，用文火炖。

d) 蔬菜煮熟后加入糖、盐、椰子和香菜

92. 黑眼豆和椰子咖喱

原料

- ½ 杯黑眼豆，尽可能发芽
- 2杯水
- 1汤匙油
- 1汤匙芥菜籽
- 1汤匙孜然种子
- 1汤匙阿魏
- 1 汤匙磨碎的生姜
- 5 - 6 片咖喱叶
- 1 汤匙姜黄
- 1汤匙香菜粉
- 2 个西红柿-切碎
- 1 - 2 汤匙。烤花生粉
- 新鲜香菜叶
- 新鲜椰子，磨碎
- 糖和盐调味

方向

a) 将豆子浸泡在水中 6至8 小时或过夜。在高压锅中煮豆子或在锅中煮沸。

b) 加热油并加入芥菜籽。当它们爆开时，加入孜然籽、阿魏、生姜、咖喱叶、姜黄和香菜粉。加入烤花生粉和西红柿。

c) 加入豆子和水。偶尔继续搅拌，直到彻底煮熟。

d) 如有必要，添加更多的水。加入糖和盐调味，用香菜叶和椰子装饰。

93. 卷心菜咖喱

原料

g) 3 杯卷心菜-切碎

h) 1茶匙油

i) 1 茶匙芥菜籽

j) 1 茶匙孜然种子

k) 4 - 5 片咖喱叶

l) 捏姜黄 r 可选

m) 1 茶匙磨碎的生姜

n) 新鲜香菜叶

o) 盐味

p) 可选 - ½ 杯青豆

方向

a) 加热油，然后加入芥菜籽。当它们爆裂时，加入剩余的香料并煮 30 秒。

b) 如果需要，加入卷心菜和其他蔬菜，不时搅拌直至完全煮熟。如果需要可以加水。

c) 加入盐和芫荽叶调味。

94. 花椰菜咖喱

原料

- 3 杯花椰菜——切成小花
- 2 个西红柿-切碎
- 1茶匙油
- 1 茶匙芥菜籽
- 1 茶匙孜然种子
- 捏姜黄
- 1 茶匙磨碎的生姜
- 新鲜香菜叶
- 盐的味道
- 新鲜或干椰子-切碎

方向

- 加热油，然后加入芥菜籽。当它们爆裂时，加入剩余的香料并煮 30 秒。如果使用，此时加入西红柿并煮 5 分钟。
- 加入花椰菜和少许水，盖上锅盖小火慢炖，不时搅拌直至完全煮熟。如果需要较干的咖喱，则在最后几分钟内取下盖子并煎炸。在最后几分钟加入椰子。

95. 花椰菜土豆咖喱

原料：

- 2 杯花椰菜——切成小花
- 2 个中等大小的土豆，切成方块
- 1茶匙油
- 1 茶匙芥菜籽
- 1 茶匙孜然种子
- 5 - 6 片咖喱叶
- 捏姜黄-可选
- 1 茶匙磨碎的生姜
- 新鲜香菜叶
- 盐的味道
- 新鲜或干椰子 - 切碎
- 柠檬汁 - 品尝

方向

a) 加热油，然后加入芥菜籽。当它们爆裂时，加入剩余的香料并煮 30 秒。

b) 加入花椰菜和土豆，加少许水，盖上锅盖，用文火慢炖，不时搅拌直至几乎煮熟。取下盖子，炒至蔬菜熟透，水份蒸发。加入椰子、盐、芫荽叶和柠檬汁。

混合蔬菜扁豆咖喱

原料:

- ¼ 杯托尔或绿豆
- ½ 杯蔬菜 - 切片
- 1杯水
- 2茶匙油
- ½ 茶匙孜然籽
- ½ 茶匙磨碎的生姜
- 5 - 6 片咖喱叶
- 2 个西红柿-切碎
- 柠檬或罗望子口味

- 粗糖口味
- ½ 盐或适量
- 桑珀尔玛莎拉
- 芫荽叶
- 新鲜或干椰子

方向

a) 将木豆和蔬菜放入高压锅或锅中煮 15至20 分钟（吹口哨 1 次）。

b) 在另一个锅中加热油，加入孜然籽、生姜和咖喱叶。加入西红柿，煮 3至4 分钟。

c) 加入 sambhar masala 混合物和蔬菜木豆混合物。

d) 一起煮一分钟，然后加入罗望子或柠檬、粗糖和盐。再煮 2至3 分钟。用椰子和香菜装饰

96. 土豆、花椰菜和番茄咖喱

原料：

- 2 个中等大小的土豆，切成方块
- 1 1/2 杯花椰菜，切成小花
- 3 西红柿 r 切成大块
- 1茶匙油
- 1 茶匙芥菜籽
- 1 茶匙孜然种子
- 5 - 6 片咖喱叶
- 捏姜黄-可选
- 1 茶匙磨碎的生姜
- 新鲜香菜叶
- 新鲜或干椰子 - 切碎

方向

f) 加热油，然后加入芥菜籽。当它们爆裂时，加入剩余的香料并煮 30 秒。

g) 加入花椰菜、西红柿和土豆，加少许水，盖上锅盖小火慢炖，不时搅拌直至煮熟。加入椰子、盐和芫荽叶。

97. 南瓜咖喱

原料：

- 3 杯南瓜 – 切成 1 – 2 厘米的块
- 2茶匙油
- ½ 茶匙芥菜籽
- ½ 茶匙孜然籽
- 捏阿魏
- 5 – 6 片咖喱叶
- ¼ 茶匙胡芦巴种子
- 1/4 茶匙茴香籽
- 1/2 茶匙磨碎的生姜
- 1 茶匙罗望子酱
- 2 汤匙-干椰子粉
- 2汤匙烤花生
- 盐和红糖或粗糖调味
- 新鲜香菜叶

方向

f) 加热油并加入芥菜籽。当它们爆开时，加入孜然、胡芦巴、阿魏、生姜、咖喱叶和茴香。煮 30 秒。

g) 加入南瓜和盐。

h) 加入罗望子酱或里面有果肉的水。加入粗糖或红糖。

i) 加入椰子粉和花生粉。再煮几分钟。

j) 加入新鲜切碎的香菜。

98. 炒蔬菜

原料：

- 3 杯切碎的蔬菜
- 2 茶匙磨碎的生姜
- 1茶匙油
- ¼ 茶匙阿魏
- 1汤匙酱油
- 新鲜的香草

方向

h) 在平底锅中加热油。加入阿魏和生姜。煎 30 秒。

i) 添加需要煮的时间最长的蔬菜，例如土豆和胡萝卜。炒一分钟后加入少许水，盖上锅盖小火煮至半熟。

j) 加入剩余的蔬菜，如番茄、甜玉米和青椒。加入酱油、糖和盐。盖上锅盖炖至差不多熟了。

k) 取下盖子，再煎几分钟。

l) 加入新鲜香草，留几分钟让香草与蔬菜混合。

99. 番茄咖喱

原料：

- 250 克西红柿——切成一英寸的碎片
- 1茶匙油
- ½ 茶匙芥菜籽
- ½ 茶匙孜然籽
- 4 - 5 片咖喱叶
- 捏姜黄
- 捏阿魏
- 1 茶匙磨碎的生姜
- 1 个土豆——煮熟并捣碎——可选——增稠
- 1至2汤匙烤花生粉
- 1 汤匙干椰子-可选
- 糖和盐调味
- 芫荽叶

方向

a) 加热油并加入芥菜籽。当它们爆开时，加入孜然、咖喱叶、姜黄、阿魏和生姜。煮 30 秒。

b) 加入番茄，不时继续搅拌直至煮熟。可以加水以获得更液态的咖喱。

c) 如果需要，加入烤花生粉、糖、盐和椰子，再加上土豆泥。再煮一分钟。与新鲜的香菜叶一起食用。

100. 冬瓜咖喱

原料：

- 250 克ram ms' 冬瓜
- 1茶匙油
- ½ 茶匙芥菜籽
- ½ 茶匙孜然籽
- 4 - 5 片咖喱叶
- 捏姜黄
- 捏阿魏
- 1 茶匙磨碎的生姜
- 1至2汤匙烤花生粉
- 红糖和盐调味

方向

- 加热油并加入芥菜籽。当它们爆开时，加入孜然、咖喱叶、姜黄、阿魏和生姜。煮 30 秒。
- 加入白南瓜和少许水，盖上锅盖小火慢炖，不时搅拌直至熟透。
- 加入烤花生粉、糖和盐，再煮一分钟。

结论

温暖、丰盛且易于拼凑，与这些菜肴中的一种一起放松真是太令人满意了。汤和汤之间的主要区别在于它们所含的液体量。虽然汤含有足够的烹饪液体来装满一个碗并让其成分漂浮，但汤只含有一点烹饪液体来炖其他成分。辣椒被认为是一种汤，因为它的液体含量低，通常用辣椒或辣椒粉制成。

CPSIA information can be obtained
at www.ICGtesting.com
Printed in the USA
LVHW081920220323
742311LV00009B/607

9 781783 572854